教育就是
解放心灵

THE WHOLE MOVEMENT OF

LIFE IS LEARNING

【印】克里希那穆提 ——— 著

张春城 唐超权 ——— 译

九州出版社 | 全国百佳图书出版单位
JIUZHOUPRESS

图书在版编目（CIP）数据

教育就是解放心灵 /（印）克里希那穆提著 ；张春
城，唐超权译. -- 北京 : 九州出版社，2023.1（2024.6重印）
ISBN 978-7-5108-8830-4

Ⅰ. ①教… Ⅱ. ①克… ②张… ③唐… Ⅲ. ①教育—
文集 Ⅳ. ①G4-53

中国版本图书馆CIP数据核字(2020)第250596号

著作权合同登记号：图字01-2022-6055号

教育就是解放心灵

作　　者	［印度］克里希那穆提 著　张春城　唐超权 译
责任编辑	李文君
出版发行	九州出版社
地　　址	北京市西城区阜外大街甲 35 号 (100037)
发行电话	(010)68992190/3/5/6
网　　址	www.jiuzhoupress.com
印　　刷	鑫艺佳利（天津）印刷有限公司
开　　本	880 毫米 ×1230 毫米　32 开
印　　张	7.25
字　　数	160 千字
版　　次	2023 年 2 月第 1 版
印　　次	2024 年 6 月第 2 次印刷
书　　号	ISBN 978-7-5108-8830-4
定　　价	48.00 元

出版前言

克里希那穆提 1895 年生于印度，13 岁时被"通神学会"带到英国训导培养。"通神学会"由西方人士发起，以印度教和佛教经典为基础，逐步发展为一个宣扬神灵救世的世界性组织，它相信"世界导师"将再度降临，并认为克里希那穆提就是这个"世界导师"。而克里希那穆提在自己 30 岁时，内心得以觉悟，否定了"通神学会"的种种谬误。1929 年，为了排除"救世主"的形象，他毅然解散专门为他设立的组织——世界明星社，宣布任何一种约束心灵解放的形式化的宗教、哲学和主张都无法带领人进入真理的国度。

克里希那穆提一生在世界各地传播他的智慧，他的思想魅力吸引了世界各地的人们，但是他坚持宣称自己不是宗教权威，拒绝别人给他加上"上师"的称号。他教导人们进行自我觉察，了解自我的局限以及宗教、民族主义狭隘性的制约。他指出打破意识束缚，进入"开放"极为重要，因为"大脑里广大的空间有着无可想象的能量"，而这个广大的空间，正是人的生命创造力的源泉所在。他提出："我只教一件事，那就是观察你自己，深入探索你自己，然后加以超越。你不是去听从我的教诲，你只是在了解自己罢了。"他的思想，为世人指明了东西方一切伟大智慧的精髓——认识自我。

克里希那穆提一生到处演讲，直到 1986 年过世，享年 90 岁。他的言论、日记等被集结成 60 余册著作。这一套丛书就是从他浩瀚的言论中选取并集结出来的，每一本都讨论了和我们日常生活息息相关的话题。此次出版，对书中的个别错误进行了修订。

克里希那穆提系列作品得到了台湾著名作家胡因梦女士的倾情推荐，在此谨表谢忱。

九州出版社

序言

　　我想和印度的学校，英国的布洛克伍德公园学校，以及位于美国加利福尼亚州欧亥的橡树林学校保持联系，因此我打算尽可能每两周写一封信给他们。要亲自和他们所有人保持联系当然会比较困难，所以如果可能的话，我非常希望通过这些信来传达"学校应该是什么样的"，并且告诉所有那些对学校负有责任的人，这些学校不仅要在教学上非常出色，而且要做得更多——要关心对完整的人的培养。这些教育中心必须帮助学生和教师自然地绽放。绽放是很重要的，否则教育就会仅仅成为教会人们适应工作或某种职业的机械过程。根据目前的社会现实，工作和职业是必要的，但是如果我们过于强调这一点，那么自由之花就会逐渐枯萎。我们已经过于强调考试和成绩了，但那不是建立这些学校的主要目的。当然这并不意味着学生的学业应该被削弱，恰恰相反，随着学生和教师的绽放，工作和职业将获得合适它们的位置。

　　这些信不是供你在闲暇之余草草浏览的，也不是用来作为消遣的。它们是认真写成的，如果你愿意读的话，就请带着学习的态度去读。就像你要了解一朵花儿，就得非常细心地观察它的花瓣，它的茎，它的颜色，它的芬芳和它的美。这些信，你应该以同样的方式去学习，而不是哪天早上随便读一读，然后就把它忘掉了。你必须给它点时间，与它周旋，质疑它，深入地探询而又不轻易接受，与它共处一段时间，消化它，使它成为你自己的东西。

克里希那穆提

目　录

1 | 完整的教育
这些学校要培育完整的人

　　社会，以及我们所属的文化，要求学生必须努力获取一份工作，以得到物质上的保障。这一直是所有社会持续不变的压力：职业第一，其他一切退居其次。也就是说，金钱第一，我们复杂的日常生活退居其次。我们在试图扭转这种局面，因为人只靠金钱是无法幸福的。一旦金钱成为生活中的主导因素，我们的日常生活就会失衡。我希望教师们能够真切地感受到这一点，并看到它全部的意义。如果教师能够理解它的重要性，并在自己的生活中给予它适当的位置，那么他就能够帮助那些被家长和社会强迫而将职业作为头等大事的学生了。所以，我想强调这点——在这些学校里始终要坚持一种培养完整的人的生活方式。

　　我们的教育主要是为了获取知识，这正在让我们变得越来越机械。无论是在科学、哲学、宗教、商业方面，还是在我们正在获取的技术知识上，我们的心都在沿着狭窄的轨道运行。无论在家里还是在外面，或者从事某种专门化的职业，我们的生活方式都在让我们的心变得越来越狭隘、局限和不完整。所有这一切导致了一种机械的生活方式，一种心智的模式化，于是逐渐地，国家，甚至民主国家，也在规定我们应该成为什么。大多数善于思考的人当然会意识到这一点，但不幸的是，他们似乎都接受并且容忍了这一点。这已经成为对自由的一种威胁。

自由是一个非常复杂的问题，要了解如此复杂的东西，心灵的绽放是必要的。当然，每个人会依据他的文化、教育背景、经验、宗教迷信——即他受到的限制，来给"心灵绽放"下不同的定义。在这里我们不是要谈论看法或偏见，而是要在非语言层面去领悟"心灵绽放"的内涵和意义。这种绽放是我们的理智、情感和健全的身体得以全面发展和培养，也就是活在完全和谐中，没有对立或矛盾。只有在我们的感知是清晰的、客观的、非个人化的，而且没有被强加任何的负担时，心灵的绽放才会发生。这不是"思考什么"的问题，而是如何清晰地思考的问题。许多世纪以来，我们总是被宣传之类的东西鼓动着去"思考什么"。大多数的现代教育都是如此，而不是对整个思想活动的探究。绽放意味着自由，植物的生长需要自由。

　　我们将会在每一封信中论述这些主题，包括"心灵的觉醒"，它不是多愁善感、浪漫或想象，它就是善，来自于友好和爱；包括身体的培养，合理的膳食，适度的运动，这将会带来深深的敏感性。当理智、情感和身体三者处于完全的和谐时，心灵的绽放就会自然地、不费力地、完美地到来。作为教师，这是我们的工作和责任，而教育是人世间最伟大的职业。

2 | 善
为了达到至善之美，自由是必不可少的

善只会在自由中绽放。它不会在"被说服"的土壤中生长，也无法被强迫，也不是追求回报的结果。只要存在任何模仿或服从，它就不会显现。只要有恐惧它就不会存在。善是通过行为体现的，而这样的行为是基于敏感。善是在行动中表达的。整个思想运动都不是善。思想这个复杂的东西需要被理解，而正是这个理解，让思想意识到它自身的局限性。

善没有对立面。我们大多数人都把善看作恶的对立面，因此在整个历史中，在每一种文化里，善都被认为是野蛮的反面。所以人类总是为了善而与恶进行斗争。但是只要有任何形式的暴力或斗争存在，善就永远不会到来。善是通过行为和行动，在关系中体现的。通常，我们的日常行为要么是出于对模式的遵循——这是机械的，因而也是肤浅的，要么是出于对利弊得失进行仔细考虑后产生的动机的结果。因此我们的行为都是经过计算的，或有意或无意地。这不是善的行为。当你认识到这一点，不仅是在理智上或口头上，那么通过否定它所不是的东西，善的行为就会出现。

善行本质上就是没有自我。它通过礼貌、为别人着想、谦让而不失原则体现出来。行为是非常重要的，它不是一件随便的、可以含糊的事情，也不是世故头脑的玩具。它来自你生命的深处，也是你日常生活的一部分。

善体现在行动中。正确地行动是最困难的事情之一。它是非常复杂的，需要被非常仔细地审视，不急躁，不直接跳到任何的结论。在我们的日常生活中，行动是基于过去的连续运动，偶尔会被一套新的结论打破。这些结论又会成为过去，于是你依照既有的思想或理想行动。人的行动总是基于累积的知识，即过去，或基于一个理想化的未来，即乌托邦。我们把这样的行动看作正常的，对吗？我们在它发生之后或在行动之前质疑它，但这个质疑是建立在以前的结论，或对将来的奖惩的预期上的——"如果我做这个，我会得到那个"。

现在我们要质疑被大家普遍接受的关于行为的观念。我们基于既有的知识或经验行动，或者我们从那个行动出发去行动和学习，也许愉快，也许不愉快。这种学习还是在积累知识。因此这两种行动都是基于知识，它们并没有不同。知识永远属于过去，所以我们的行动总是机械的。

有没有一种行动，它不是机械的、重复的、例行公事的，因而也是没有遗憾的？对我们来说，理解这一点非常重要，因为如果有自由，有善的绽放，行动就永远不会是机械的。写字是机械的，学一种语言、驾驶汽车是机械的，获取任何一种专业知识并应用它也是机械的。这个机械活动也许会发生中断，此时可能会形成新的结论，但然后它又变得机械了。我们应该时常记得，为了达到善的美好，自由是必不可少的。不机械的行动是存在的，但是你必须去发现。别人无法告诉你，无法传授给你，你也不能从榜样那里学到它，因为那样就成了模仿和服从，你会因此完全失去了自由，而善也就不存在了。

3 | 悠　闲
心只有在悠闲中才能学习

　　和另一个人的关系是生活中最重要的事情之一。大多数人在关系中不是很认真，因为我们首先关注的是自己，然后在对我们方便，令我们满意或在感官上满足我们时，才会关注他人。可以说，我们是从远处来看待关系的，而没有把它作为与我们密切相关的东西。

　　我们很少向别人表露自己，因为我们对自己也不是完全了解的。在关系中，我们向别人表现的是占有欲、专横，或是顺从。别人和我是两个长久保持界限的独立个体，每个人都只关心自己，因此这个界限会持续终生，直到死亡。当然，你会表现出同情、友爱、一般性的鼓励，但这个分隔的过程在继续。由此便产生了矛盾，对个性和欲望的强调，于是有了恐惧与抚慰。或许会有性的交合，但是这种"你"和"我"之间特别的、几乎不变的关系一直都在持续，伴随着争吵、伤害、嫉妒以及所有那些琐碎的事，但所有这些通常被认为是良好的关系。

　　那么，善能在所有这些东西中绽放吗？

　　关系就是生活，没有关系，人就无法生存。隐士和僧人，无论怎么从世界出离，都仍然携带着这个世界。他们可以否定它，压抑它，可以折磨自己，但是他们仍然和世界保持着某种联系，因为他们是数千年以来的传统、迷信和一切人类知识的结果。因此他们无法逃离这一切。

教师和学生之间有一种关系。教师是不是有意无意地保持着一种优越感，总是占据重要的地位，使学生有一种"我必须被教育"的自卑感？在这个格局中显然不存在关系。它导致了学生的恐惧，一种压迫和紧张的感觉。于是学生从年轻时起就学到了这种优越感。他感到被轻视了，于是终其一生，他要么成为侵略者，要么不断地屈服和顺从。

学校是一个悠闲的地方，教师和学生都在那里学习。这就是学校的核心——学习。我们所说的悠闲，并不是指一个人有自己的时间，尽管那也是必要的。它也不是指拿着一本书，坐在树下或自己的卧室里随意阅读。它不是指拥有一个平和的心境，当然也不是指无所事事或想入非非。悠闲意味着内心不是常常被各种事情——被问题、被某种享乐、被感官的满足所占据。悠闲意味着拥有无限的时间，去观察身边以及内心正在发生的事情，去倾听，去清晰地看。悠闲意味着自由——这个词通常被解释为"做你想做的事"，人类也正是那样做的，结果导致了大量的危害、痛苦和困惑。悠闲意味着拥有一颗平静的心，没有动机，因而也没有方向。只有在这种悠闲的状态中，心才能学习，不只学习科学、历史、数学，还有你自己。人能够在关系中学习自己。

这一切能在我们的学校中被教授吗？还是说它只是你读到的东西，也许会记得，也许会忘掉？当教师和学生真的去了解关系非同寻常的重要性时，他们就是在学校里、在他们之间建立正确的关系。这是教育的一部分，它比只教授学术课程更重要。

关系需要许多的智慧。它不可能随着一本书被买到或被别人传授。它不是大量经验累积的结果。知识不是智慧。知识可能是精巧、炫目和实用的，但那不是智慧。智慧能够运用知识。如果你看清了关系的整个本质和结构，智慧将自然地、不费力地到来。这就是悠闲如此重要的原因，它使得男人或女人，教师或学生能够平静而认真地讨论他们的关系。使得他们能够看到彼此真实的反应、脆弱和障碍，不是想象的，不是为相互取悦对方而被歪曲的，或者为了安抚对方而被抑制的。

无疑，这就是学校的功能——帮助学生唤醒他的智慧，并领悟到正确关系的极端重要性。

4 | 恐 惧
善不会在恐惧的土壤中绽放

　　大部分人花费大量时间似乎只是为了讨论字面上的清晰，他们好像并没有领会文字背后的内容和深意。在努力寻求文字清晰的过程中，他们让自己的心变得机械，让自己的生活变得肤浅并常常充满矛盾。在这些信中，我们关心的不是字面上的理解，而是我们日常生活中的事实。所有这些信的核心要点是：它们不是对事实的文字说明，而是事实本身。当我们关注语言和思想的清晰时，我们每天的生活是观念化的，是不真实的。所有的理论、原则、理想都是观念化的。而观念可能是不诚实的、伪善的和虚幻的。你可能有很多观念或理想，但是它们和我们每天正在进行的生活毫不相干。人们都是被理想培养的，理想越是华丽，就越受推崇。但是，对于日常生活的理解远比理想重要得多。如果内心堆满了观念、理想之类的东西，你就永远不会去面对正在发生的事实，观念就成了障碍。当这一切都被清楚地理解（不是理智上、观念上的理解），那么至关重要的事情——面对真相、事实、现在，就会成为教育的核心内容。

　　政治是建立在观念上的一种通病，而宗教则是浪漫、虚幻的感情主义。如果你去观察正在发生的一切，你就会发现，所有这些都显示了我们的观念化思维，以及对日常生活中的痛苦、困惑和忧伤的逃避。

善不可能在恐惧的土壤中绽放。恐惧有很多种，当前的恐惧，对许多个明天的恐惧等等。恐惧不是观念，但对恐惧的解释是观念化的，这些解释在不同的专家或学者那里各有不同。解释并不重要，重要的是面对恐惧这个事实。

在我们的学校里，教师和那些需要对学生负责的人，无论是在课堂、操场还是自己的房间，都有责任不让恐惧以任何形式出现。教师一定不要引起学生的恐惧。这不是观念，因为教师自己明白，不只在口头上，任何形式的恐惧都会损害心智，破坏敏感性，钝化感官。恐惧是人一直都在背负的重担。由于恐惧，产生了各种形式的迷信——宗教的、科学的和想象的。我们生活在谎言的世界里，而观念世界的实质就是恐惧。我们曾经说过，人活着不能没有关系，这个关系不仅是指他的私人生活。如果他是一位教师，他就和学生有一种直接的关系。如果这种关系中存在任何形式的恐惧，那么教师就无法帮助学生从中解脱出来。学生来自于一个充满恐惧、权威以及各种想象的和现实的印象和压力的背景。教师同样有他自己的压力和恐惧。如果他尚未揭露自身恐惧的根源，就无法引导学生去了解恐惧的本质。这并不是说，为了帮助学生从恐惧中解脱，他必须首先从自己的恐惧中解脱出来。而是说，在他们每天的关系中，在交谈中，在课堂上，教师会表明自己和学生一样也有忧虑，这样他们就能共同探究恐惧的整个本质和结构。

需要指出的是，这并不是教师的一种忏悔。他只是在陈述事实，没有任何的情绪和个人色彩。就像好朋友之间进行的一次交谈，这需要某种诚实和谦逊。谦逊不是屈从，不是一种失败的感觉，其中既没有自大也没有傲慢。因此教师肩负着巨大的责任。

在所有的职业当中，教育是最伟大的。教师将为这个世界造就一代新人，这是一个事实，而不是观念。你可以制造一个关于事实的观念，并迷失在里面，但事实却一直都在。教师的最高职责是面对事实、现在和恐惧。不只是要带来学术上的优秀，更为重要的是带来学生和他自己心灵的自由。

当你了解了自由的本质，你就消除了运动场和课堂上的所有竞争。有没有可能完全消除学术上和道德上的比较性评价呢？有没有可能帮助学生在学术领域里不再竞争性地思考，而在学习、行动和每天的生活中依然保持优秀？请记住，我们关心的是善的绽放，而善不可能在有竞争的地方绽放。有比较就会有竞争，而比较不能带来优秀。这些学校存在的根本目的，就是为了帮助学生和教师在善中绽放。这要求完美的行为、行动和关系。这就是我们的目的，也是学校存在的理由。它不只是要培养专业人员，而且要带来心灵的完美。

5 | 知　识
积累知识不能通向智慧

　　知识不会通向智慧。我们累积了关于很多事情的大量知识，但是要按照学到的知识去明智地行动，看起来几乎是不可能的。学校、学院和大学传授有关行为、宇宙、科学和各种技术的知识，但是这些教育中心很少帮助一个人在日常生活中做一个优秀的人。学者们坚称，人类只有通过积累大量知识和信息才能进化。人类经历了无数次战争，积累了大量如何杀人的知识，而正是那个知识在阻止我们结束所有的战争。我们把战争当作一种生活方式，把野蛮、暴力和杀戮看作生活中正常的事情。我们知道我们不该杀死另一个人，而这个知道却和杀人的事实完全不发生关系。知识没能阻止我们杀害动物，破坏地球。知识不能产生智慧，智慧却可以运用知识。知道就是不知道。知识永远不能解决我们人类的问题，理解这一点就是智慧。

　　在我们的学校里，教育不仅是要获取知识，更为重要得多的是让智慧觉醒，然后智慧会利用知识，而绝不是相反。在所有这些学校里，让智慧觉醒是我们的重心。随之而来的问题必然是，如何唤醒这个智慧？采用什么体系，什么方法，怎么训练？这个问题恰恰表明你仍在知识的范围内运作。认识到它是一个错误的问题，就是智慧觉醒的开始。我们日常生活中的训练、方法、体系造成了一种习惯模式，一种重复活动，因而造成了一颗机械的心。知识的持续运动，无论它是多么的专业，都会使心陷入陈规，陷入一种狭隘的生活方式。学会去观察和理解知识的整个结构，就是唤醒智慧的开始。

我们的心活在传统中。传统这个词的含义——去传承——正是对智慧的否定。跟随传统是容易的、令人舒服的，无论这个传统是政治的、宗教的还是自己发明的。这样你就不必思考它，不去质疑它了。接受和服从都是传统的组成部分。文化越是古老，心就越是被过去束缚，越是活在过去。一个传统的中断必然会被另一个传统代替。背负着千百年传统的心不愿放弃过去，直到出现另一个同样可靠和令人满意的传统。任何形式的传统，从宗教到学术，都必然会否定智慧。智慧是无限的。知识和传统一样，无论多么丰富，都是有限的。在我们的学校里，习惯形成的内心机制是需要被观察的，在这样的观察中，智慧就会开始活跃起来。

接受恐惧是人类传统的一部分。年老的一代和年轻的一代都学会了忍受恐惧。大多数人没有意识到他们正活在恐惧中。只有在轻微的危机或爆发性的事件中，我们才开始意识到这个一直在持续的恐惧。它就在那里。一些人能意识到它，另一些人则回避它。传统说：要控制恐惧，逃避它，压制它，分析它，对它做点什么，或接受它。我们已经和恐惧共处了几千年，我们好像有些办法与它和平相处。这些是传统的本性：对它做点什么或逃避它，或情绪化地接受它并指望某种外在的力量帮助解决它。宗教来自这个恐惧，政客对权利强烈的渴望也来自这个恐惧。任何形式对他人的控制都是恐惧的本性。当男人或女人占据对方时，背后都有恐惧的存在，这个恐惧会毁坏任何形式的关系。

教师的职责就是帮助学生面对这个恐惧，无论是对家长、老师或比自己大的孩子的恐惧，还是对孤独的恐惧或对自然的恐惧。要理解恐惧的本质和结构，关键是要面对它。不是通过语言去面对，而是去观察恐惧正在发生的具体过程，而没有任何逃离它的活动。从事实逃离的活动会使事实模糊不清。我们的传统和教育都鼓励控制、接受或拒绝，或非常狡猾的合理化。

作为教师，你能否帮助学生和自己面对生活中出现的每一个问题？在学习中既没有教育者也没有被教育者，只有学习。要了解恐惧的全部活动，我们需要带着好奇心去接近它，而好奇心有它自己的活力。就像一个非常好奇的孩子，在他的好奇中有一种强烈的东西。征服我们不理解的东西，摧毁它，忽视它，或崇拜它，这些都是传统的道路。传统是知识，而知识的结束就是智慧的开始。

那么，成年人和学生在认识到"既没有教育者也没有被教育者，只有学习本身"之后，你能否通过直接观察正在发生的事情，来了解这份恐惧？如果你允许恐惧讲述它古老的故事，你就能了解它。专注地、不去干扰地仔细倾听，因为它正在向你讲述你自己的恐惧的历史。当你那样去听的时候，你会发现这个恐惧和你并不是分离的。你就是那个恐惧，就是那个被贴上文字标签的反应。文字并不重要，文字是知识、传统，而事实，那个正在发生的现在，则是全新的。这是对你自己的恐惧的新鲜性的发现。面对恐惧的事实，没有任何思想的活动，就是恐惧的终结。在这个观察中，不是某种特定的恐惧，而是恐惧真正的根源被粉碎了。其中没有观察者，只有观察。恐惧是一个非常复杂的东西，和山岳一样古老，和人类一样古老，它有一个非同寻常的故事要讲。但是你必须懂得倾听它的艺术，在那倾听之中有着巨大的美。事实上只有倾听，而故事并不存在。

6 │ 责　任
一个人就是整个人类

我们需要理解"责任"这个词的全部意义。它的本意是"反应"，不是部分的而是全面的反应。这个词还意味着"回过来"：对你的背景的反应，回头看你的局限性。一般意义上所理解的责任，是发自人的局限性的行动。一个人的文化和他所处的社会自然会局限他的心灵，无论这个文化是本土的还是外来的。他基于这个背景做出反应，而这个反应限制了我们的责任。如果一个人出生在印度、欧洲、美国或无论什么地方，他都会根据宗教的迷信——所有宗教都是某种迷信的结构，或民族主义，或科学理论进行反应。这些限制了他的反应，它们总是受制约的、有限的，因此总会出现矛盾、冲突和困惑。这是必然的，它导致人与人之间的分割。任何形式的分割都必定会带来冲突和暴力，并最终带来战争。

如果你了解"责任"这个词的真正含义，以及现在世界上正发生着什么，你就会看到，责任已经变成了不负责任。通过理解什么是不负责任，我们将会开始领会什么是责任。责任是为了整体，正如这个词所隐含的，它不是为了自己，不是为了自己家庭，不是为了某种观念或信仰，而是为了整个人类。

我们的各种文化都在强调分别，并称之为个人主义，这导致每个人都在做他想做的事，或致力于自己特殊的微小才能，无论这个才能对社会多么有益或实用。我的意思不同于极权主义者想让你相信的想法，即只有国家和代表国家的政府才是重要的，而不是人。国家是一个概念，而人，虽然生活在国家里面，却不是一个概念。恐惧是一个事实，而不是概念。

从心理上说，一个人就是整个人类。他不只是代表人类，他就是人类这个物种的全部。本质上，他就是人类的整个心智。各种文化在这个事实上强加了"每个人都是不同的"这个幻觉。人类已经被这个幻觉束缚了许多个世纪，这幻觉已经变成了现实。如果仔细观察自己的整个心理结构，你就会发现，正如你会痛苦，整个人类都会在不同的程度上痛苦。如果你是孤独的，整个人类都知道这种孤独。痛苦、嫉妒、羡慕和恐惧也都被所有人熟知。因此从心理上说，内在地说，你和别人是一样的。在生理上、生物学意义上或许存在差异——高或矮，等等——但是从根本上说，你就是整个人类的代表。

因此在心理上，你就是这个世界。你对整个人类负有责任，而不是作为个体对自己负有责任，那是一个心理上的幻觉。作为整个人类物种的代表，你的反应是整体的，而不是局部的。于是责任具有了一种完全不同的含义。你必须学习这种责任的艺术。如果你完全理解了"心理上，个人就是世界"这个事实的含意，那么责任就会变成无法遏制的爱。然后你就会关爱儿童，不只在他们年幼时，还要让他们终生都能理解责任的意义。这门艺术包括行为、思考方式以及正确行动的重要性。在我们这些学校里，对地球、对自然以及对彼此的责任是教育的一部分，而不是只强调学业，尽管它们也是必要的。

然后我们可以问，教师要教什么？学生要学什么？以及更广泛的问题，什么是学习？教育者的职责是什么？是只教代数和物理，还是在学生以及他自己的内心唤醒那份巨大的责任感？这两者能够并存吗，我是说，对职业有帮助的学业课程和对整个人类和生命负责？还是说它们是分离的？如果是分离的，那么这个学生的生活中就会有矛盾，他会成为一个虚伪的人，有意识或无意识地把他的生活划分为两个明确的部分。人就生活在这种分裂中。他在家里是一套，在工厂或办公室则呈现一副截然不同的面孔。这两者有可能和谐并存吗？

当这样一个问题提出来，你需要去研究它的含义，而不仅仅是回答可能或不可能。因此，你如何对待这个问题才是最重要的。如果你从自己受限的背景去对待它——所有的制约都是受限的——那么你对它的理解将会是不完整的。你需要从一个全新的角度去对待它，于是你发现这个问题是没有意义的，因为当你全新地对待它时，你就会看到这两者就像两股溪流汇入一条巨大的河流，那就是你的生活，你负有全部责任的每日生活。

意识到教师是最伟大的职业，你会向学生传达这一切吗？这些不只是文字，而是一个不应被忽略的重要事实。如果你没有感受到这个事实，那你真的应该换一个职业，否则你将活在人类为自己制造的幻想中。

所以我们再问一次：什么是你要教给学生的和学生要学习的？你是不是在创造那个能够让真正的学习发生的特殊氛围？如果你理解了责任的巨大和它的美，那么你就会对学生完全地负责——他穿什么，他吃什么，他谈话的方式等等。

由这个问题带来了另一个问题，什么是学习？我们大多数人可能甚至没有问过这个问题，或者我们问过，但我们的回答来自传统，即累积的知识，我们将这些知识熟练或不熟练地运用于谋生。这就是人们通常被教导的东西，这就是所有一般的学校、学院、大学等等存在的目的。知识占据主导地位，这是我们最大的局限之一，所以头脑从未摆脱已知。它总是在已知上添加，因此陷入了已知的束缚，从来没能自由地去发现一种完全不基于已知的生活方式。已知导致一种宽阔或狭隘的定势，一个人停留在这个定势中并认为这是安全的；而安全恰恰是被有限的已知破坏的。这就是人类一直延续至今的生活方式。那么，有没有一种学习方式，它不会把生活变成一种惯性模式，一种狭隘的常规？什么是学习？我们需要非常清楚地了解知识的模式。我们获得技术上或心理上的知识，然后按照那个知识去行动；或者先去行动，再从行动中获得知识。二者都是获取知识。知识永远属于过去。有没有这样一种行动方式，它不再携带人类知识的重负？有，但它不是我们已经熟悉的那种学习，它是纯然的观察。它不是那种不断累积、随即变成记忆的观察，而是一刻接一刻的观察。观察者是知识的本质，他把自己通过经验与各种感官反应所获得的东西强加在他观察到的事物上。观察者总是在操纵他所观察到的，而他的观察所得总是被转化为知识。所以他总是陷在制造习惯的古老传统中。

因此，学习是纯然的观察，不仅是对外界，也包括内心正在发生的事情——没有观察者的观察。

7 学　习
整个生命的活动就是学习

整个生命的活动就是学习，没有任何时间是没有学习的。每一个行动都是学习的活动，每一种关系都是学习。我们习惯于积累知识，并把它叫作学习，这在有限的范围内是必要的，但是这种限制会妨碍我们了解自己。知识在某种程度上是可以度量的，但学习中是没有度量的。理解这一点非常重要，特别是在你想领会宗教生活的全部意义时。知识是记忆，但如果你观察过的话，真实、现在并不是记忆。在观察中，记忆是没有位置的。真实就是正在实际发生的事情。下一个瞬间就成了可度量的，这就是记忆的方式。

如果你有兴趣观察一只昆虫的活动，或其他吸引你的东西，注意力是必需的。这个注意也是不可度量的。理解记忆的全部本质和结构，认识它的局限，并帮助学生看清它，是教师的责任。我们从书本中学习，或从精通某个学科的老师那儿学习，我们的脑袋装满了这些知识。这些知识是关于事物、自然以及我们外在的一切，当我们想了解自己时，我们就求助于那些描述我们自身的书籍。于是这个过程不断继续，渐渐地我们变成了"二手人"。这是一个明显的事实，整个世界都是如此。这就是我们的现代教育。

正如我们指出的，学习活动就是纯粹的观察活动，而这种观察不会被局限在记忆的范围内。我们学习谋生，但我们从来没有生活过。谋生的能力占据了我们大部分的生命，我们几乎没时间做别的了。我们有时间闲聊、娱乐、游戏，但所有这些都不是生活。有一片叫作真实生活的巨大领域，它被完全忽视了。

要学习生活的艺术，你需要有悠闲。"悠闲"这个词被严重误解了。它通常是指不被我们必须做的日常事务占据，例如赚钱谋生，到办公室或工厂上班等等，只有在这些事情做完之后才有悠闲。在那段所谓的悠闲里，我们想要消遣，想要放松，想做我们真正喜欢的，或需要发挥我们最大潜力的事情。谋生和所谓的悠闲是矛盾的，因此总是存在压力、紧张和逃避紧张的努力。于是悠闲是指我们没有压力，在那个时候，我们会拿起一张报纸，打开一本小说，闲聊，游戏等等。这是真实的情况，到处都在发生。谋生是对生活的否定；悠闲，按照我们的理解，是谋生压力的暂时缓解。我们通常把谋生或者强加给我们的任何压力看作是没有悠闲。而我们内心有一个更大的压力，有意识或无意识地，它就是欲望。

学校是一个提供悠闲的场所。你只有在悠闲的时候才能学习。也就是说，只有在没有任何压力的情况下，学习才能够发生。当你遭遇危险的时候，比如一条蛇，从那个危险产生的压力中，也有一种学习。在那个压力下的学习是在培养记忆，它将帮助你识别将来的危险，从而变成一种机械的反应。

悠闲意味着心不被占据，只有那时才会有一种学习的状态。学校是学习的地方，不仅是积累知识的地方。理解这一点真的很重要。

我们说过，知识是必要的，在生活中有它有限的位置。不幸的是，这个有限的知识耗尽了我们全部的生活，使我们没有空间学习。我们是如此地被谋生占据，它消耗了我们思想的全部能量，以至于我们一天下来精疲力尽，只想去寻求刺激。我们通过宗教或其他的娱乐从这种疲惫中恢复，这就是人类的生活。人类创造了这样一个社会，它需要他们全部的时间、精力和生命。他们没有悠闲学习，生活因此变得机械，几乎毫无意义。所以我们必须非常清晰地理解"悠闲"这个词的含意：它是我们的心不被任何事物占据的一段时间，它是可以去观察的时间。只有一颗不被占据的心才能够观察。自由的观察就是学习的活动，它把心从机械中解放出来。

因此，老师、教育者能不能帮助学生理解这整个的情况：谋生和它所有的压力；帮你得到一个工作并伴随着所有恐惧和焦虑的学习；以及带着忧虑对明天的期盼？了解了悠闲的本质和纯粹的观察，这样的教师能不能帮助学生拥有一颗不机械的心，从而让谋生不再成为一件痛苦的事情，一个伴随终生的巨大辛劳？

在悠闲中致力于善的绽放，是教师不可推卸的责任。这些学校就是为此而存在的。创造新的一代，改变这种完全被谋生所占据的社会结构，是教师的责任。这样的教育就是一种神圣的活动。

8 | 根本的转变
教育要培养完全的责任感

我们在前面的信中曾经说过，完全的责任感就是爱。这个责任不是对于一个特定的国家、团体或社会，或对于一个特定的神，或某种形式的政治纲领，或你自己的古鲁①，而是对全人类的。拥有这种深刻的理解和感受，是教育者的责任。

几乎我们所有人都会觉得对家庭和孩子负有责任，但是对于全然地关怀和投入周围的环境、自然，或者对我们的行为完全地负责，我们却没有感觉。这种无条件的关心就是爱。没有这种爱，社会就不可能发生改变。尽管理想主义者们可能热爱他们的理想或观念，但他们并没有带来一个完全不同的社会。革命者和恐怖主义者也没有从根本上改变我们的社会模式。暴力革命者谈论普遍的自由，以及构建一个新的社会，但是所有的套话和口号只会进一步折磨心灵和生活。他们玩弄辞藻来附和自己有限的观点。没有哪种暴力形式从最根本的意义上改变过社会。伟大的统治者通过少数人的权威带来某种社会秩序，即使是极权主义者也能通过暴力和刑罚建立一个表面的秩序，但我们在谈论的不是这样的社会秩序。

我们非常明确和肯定地说，只有对整个人类拥有完全的责任感，也就是爱，才能从根本上改变社会现状。世界各地现有的制度都是腐化、

---

① 意为宗教领袖、上师。——译者注

衰败和完全不道德的。你只要环顾四周就会看到这个事实。全世界有无数的钱被花在武器装备上，政治家们一边谈论着和平，一边在为战争做准备。宗教一再宣称和平的神圣，却在鼓励战争以及微妙的暴力和折磨。伴随着仪式和所有那些废话，无数教派在以上帝和宗教的名义继续着。有分裂的地方一定有混乱、斗争和冲突，不管这个分裂是宗教的、政治的还是经济的。我们的现代社会就建立在贪婪、嫉妒和权力的基础上。

当你把所有这些作为事实看待的时候，这种强大的商业主义标志着退化和根本性的不道德。为了满足自己，我们正在破坏地球和它上面的一切。从根本上改变我们的这种生活方式，也就是整个社会的基础，是教育者的责任。

教育不仅要传授各种学术课程，还要培养学生完全的责任感。人们并没有认识到，教育者正在创造新的一代。大多数学校只关心传授知识，根本不关心人的转变和他的日常生活。你们，这些学校里的教师，需要深切地关心这种完全的责任感。

那么，你如何帮助学生感受到这种爱的品质以及它所有的美好呢？如果你自己没有深切地感受到它，谈论责任是没有意义的。作为教育者，你能感受到它的真实吗？看到它的真实自然会带来这种爱和完全的责任感。你必须在每天的生活中，在和你的妻子、朋友、学生的关系中，对它进行深入的思考和观察。然后，你就会在和学生的交流中，发自内心地谈论它，而不是只追求语言的清晰。感受到这种真实是人能够拥有的最好的礼物。一旦它在你心中燃烧，你就会找到正确的语言、行动和表达。当你开始关心学生的时候，你会看到，他对这一切是毫无准备的。他来到你面前时，是恐惧的、紧张的，急于取悦你或者是有戒心的，被他的父母以及他所处的社会所局限。你必须看到他的背景，你必须关心他实际是怎样的，而不是把自己的观点、结论和评判强加给他。关心他实际的样子会透露出你实际的样子，于是你会发现，学生就是你。

那么，你能不能在传授数学、物理等他需要了解的知识——那是谋生的手段——的过程中，向学生传达，他对整个人类是负有责任的？这样，尽管他会为了自己的职业和生活方式而工作，却不会让他的心变得狭隘，而且他会看到专业化特有的野蛮和局限性带来的危险。你必须帮助他看清这一切。善的绽放不在于懂得数学和生物学，或者通过考试，拥有一个成功的职业，它和那些完全没有关系。当这种绽放发生时，职业和其他必要的活动都会被它的美所触动。现在我们只强调职业，而完全忽略了善的绽放。

在这些学校里，我们试图让这两者和谐共存，不是人为地，不是把它当成一个让你遵循的原则或模式，而是因为你看到了这个绝对的事实——为了人类的重建，这两者必须和谐共同发展。你能这样去做吗？不是因为你们在讨论之后得出一个结论，大家都同意这么做，而是因为你从内心深处看到了这件事非同寻常的重要——你亲自看到的。那么你说的话就会有意义。那么你就成了一个光明的源头，而不是被别人照亮。因为"你"就是整个人类，这是事实，不是一个口头的说法，所以你对人类的未来负有完全的责任。

请不要把这看成一个负担。如果你这样看，它就成了一堆不真实的话，一个幻觉。这种责任感有它自身的乐趣和幽默，有着它不带任何思想负担的自身运动。

9 | 勤　奋
从自我占据中解脱会带来充分的能量

我们在从事教育工作时，有两个要素需要记住：一个是勤奋，另一个是懈怠。大多数宗教都谈到过，心的活动需要被"上帝的意志"或某个外在力量所控制。敬奉神（手或头脑制造的）需要某种专注的品质，其中牵涉了感情、情绪和浪漫的想象。这是心的活动，也就是思想的活动。"勤奋"这个词意味着细心、警觉、观察和一种深刻的自由感。敬奉一个物体、一个人或一个原则就否定了这种自由。勤奋就是注意，它会自然产生无限的关怀、关注与清新的友爱。这一切需要巨大的敏感性。你对自己的欲望或心理创伤敏感，或对某个特定的人敏感，关注他的欲望，对他的需求迅速回应。但是这种敏感是有限的，很难把它称为敏感。当具有完全的责任感，也就是爱时，我们所说的敏感就会自然地产生。勤奋就具有这种品质。

懈怠是不关心、懒散，不关心自己的身体和心理状态，也不关心别人。不关心里面有一种冷漠。在这种状态中，心变得无精打采，思维的活力变得迟钝，感受的敏锐被否定了，敏感成了一件难以理解的事情。我们多数人都有勤奋的时候，但更为经常的是懈怠。勤奋并不是懈怠的反面。如果是的话，勤奋依然还是懈怠。

大多数人在自己的个人利益上是"勤奋"的，不管这种个人利益是否附属于家庭、团体、宗派、国家。在这种个人利益中有懈怠的种子，尽管其中存在对自身持续不断的专注。这种专注是有限的，因此它是懈怠。这种专注是被束缚在一个狭小范围内的能量。勤奋是从个人利益中解脱出来，它会带来充足的能量。当你理解了懈怠的本质，勤奋就会毫不费力地到来。当我们完全地理解了这一点，而不只是对懈怠和勤奋进行文字说明，那么我们的思想、行动、行为就会清晰地展现出最卓越的品质。

但是很不幸，我们从来不要求自己的思想、行动和行为达到最卓越的品质。我们几乎从不挑战自己，即使这样做了，我们也会有各种各样的借口不做出完全的响应。这不正表明内心的懒惰和思想的无力吗？身体可以懒惰，但是心灵伴随着敏锐而微细地思考，它永远都不可以懒惰。身体的懒惰很容易理解，这种懒惰可能是因为劳累过度，或纵欲，或沉溺于游戏，所以身体想要休息——这可能被认为是懒惰，但它不是。觉察的心机警而敏感，知道身体什么时候需要休息和照顾。

那个被称为勤奋的能量品质，需要合理的食物、适当的运动和充足的睡眠。在我们的学校里，理解这一点是很重要的。习惯、常规是勤奋的敌人——包括思想的习惯，行为的习惯，举止的习惯。思想创造了自己的模式，并在里面存活。当这个模式受到挑战时，要么是忽略这个挑战，要么是思想制造出另一个安全模式。这就是思想的运动——从一个模式到另一个模式，从一个结论到另一个结论、从一个信仰到另一个信仰。这正是思想的懈怠。勤奋的心没有习惯，它不存在反应模式。它是无止境的运动，永远不会被习惯阻挡，永远不会被结论束缚。当这种运动不被思想的懈怠限制，它就会有巨大的深度和力量。

在从事教育工作时，教师如何将这份勤奋以及它的敏感、它充分的关怀（其中不存在心灵的懒惰）传达出去？当然我们都理解，教师要关心这个问题，并且在他的整个生命中看到勤奋的重要性。如果真是这样，那么他将如何着手培育勤奋之花呢？他有没有深切地关爱学生？对这些由他照看的年轻人，他是否真正负起了全部的责任？还是说他只是在那里赚钱谋生？我们曾经指出过，教育是人类最崇高的职业。你就在那里，面前是你的学生们，你漠不关心吗？你家里的麻烦消耗了你的精力吗？

日复一日地背负心理上的问题是对时间和精力的彻底浪费，这标志着懈怠。一颗勤奋的心会在问题出现时面对它，观察它的本质并立即解决它。拖延不会解决心理问题，那是能量和精神的浪费。当你在问题出现时就解决它们，你就会发现，根本就不存在问题。

因此，作为这些学校或任何其他学校的教师，你能不能培养这种勤奋？只有这样，善的绽放才会发生。这样做是你完全的、不可推卸的责任，其中有爱，而爱会自然地找到帮助学生的方式。

10 | 安 全
学校是学生的家

在这些学校里，教师应当在经济上和心理上有安全感，这很重要。有些教师可能很乐意从事教育，而不太考虑经济待遇，他们可能是为了教育和精神上的原因而来的，但是每位教师都应当感觉到和在家里一样安全和被照顾，而没有财务上的忧虑。如果教师自身没有安全感，因而不能自由地去关心学生和他们的安全，那么他就不能完全地负起责任。如果教师不快乐，他的关注就会被分散，他就没有能力发挥全部的才能。

因此，选择合适的教师，邀请每个人在学校里待一段时间，看看他是否能够愉快地加入我们的工作中，这是很重要的。这一定是相互的，教师感觉到快乐、安全、就像在家一样，就能在学生中产生这种安全感，这种在家的感觉。

在家的感觉意味着没有恐惧，意味着学生在身体上受到保护和照顾，并且是自由的。虽然学生可能反对被保护和看管的想法，但是这并不意味着他被关在监狱里，受到限制和监视。很明显，自由不意味着做你喜欢的事情，同样明显的是，你绝不可能完全做自己喜欢的事情。企图做自己喜欢的事情，即所谓的个性自由，是根据你的愿望来选择行动，这已经给世界造成了社会的和经济的混乱。对这种混乱的回应就是极权主义。

自由是一件非常复杂的事情。你必须带着极大的专注接近它，因为自由不是束缚的反面，不是逃离束缚你的环境。它不是"来自于"什么，或者避免某种约束。自由没有对立面，它就是它自己。对自由本质的理解正是智慧的觉醒，它不是对"事实"的调整，而是对"事实"的理解和超越。如果教师不理解自由的本质，他就只能把他的偏见、局限和结论强加给学生。出于恐惧，学生必然会对抗或接受，因而成为一个平庸的人——或胆怯或好斗。只有在对自由生活的理解中——不是对它的想法或口头赞同，那就成了口号—— 心才能自由地学习。

学校毕竟是学生获得快乐的地方，而不是受欺负，受考试恐吓，被一套模式、制度强迫着去行动的地方。它是一个传授学习的艺术的地方。如果学生不快乐，他就不能学习这门艺术。

记忆和记录知识被认为是学习，这造成了一颗有限并因而受到严重制约的心。学习的艺术是给知识以适当的位置，娴熟地运用学到的知识，而同时在心理上不被知识的局限和思想制造的形象、符号所限制。艺术意味着把每件事物放在适当的位置上，但不是根据某种理想。了解理想和结论的机制就是学习观察的艺术。思想面向将来或根据过去组织而成的观念就是理想，它是一个投射的想法，或者是一个记忆。它是一出皮影戏，是对事实进行的抽象。这个抽象是对现在发生着的事实的逃避，这个对事实的逃避就是痛苦。

那么，作为教师，我们能不能帮助学生感受到真实的快乐？我们能不能帮助他参与正在实际发生的事情？这就是专注。观察一片在阳光下飞舞的叶子的学生是警觉的，在那个时刻强迫他回到书本是在妨碍专注，而帮助他全然观察那片叶子会使他意识到没有分心的深刻的专注。同样地，因为他已经了解专注意味着什么，他将会回到书本上或者无论什么正在讲授的东西上。在这种专注中没有强迫，也没有顺从。它就是自由，其中有完整的观察。教师自身能否拥有这种专注的品质？只有那样他才能帮助另一个人。

我们通常在与分心做斗争，但分心并不存在。假设你想入非非或者心神恍惚，那就是实际在发生的事情。观察"它"，那个观察就是专注，因此不存在分心。

能把这些教给学生吗？这门艺术能够被学习吗？你对学生负有完全的责任，你需要创造这种学习的氛围，一种真诚的气氛，其中有自由和快乐。

11 | 比 较
模仿使心灵腐化

在这些信中，我们已经多次指出过，这些学校的存在主要是为了带来一种深刻的人类转变。教育者对此负有完全的责任。除非教师认识到这个最主要的因素，否则他将只会指导学生成为商人、工程师、律师或政客。这样的人太多了，他们看上去既不能改变自己，也不能改变社会。或许在目前的社会结构中，律师和商人是必要的。但是这些学校自从建立以来的目的就是，并一直将是深刻地改变人类。这些学校里的教师应该真正理解这一点，不是在理智上，不是作为一个观念，而是因为他们通过自己的整个生命看到了它的全部涵义。我们关心的是人的全面发展，而不仅是积累知识。

观念、理想是一回事，而事实——那些正在实际发生的事，则是另一回事，两者永远也不会相遇。理想被强加在事实上面，它扭曲事实去迎合那个"应该"，即理想。乌托邦是一个从现实中抽出的结论，它牺牲现实去迎合那个理想化的东西。这个过程已经持续了几千年，每一个学生和所有的知识分子都痴迷于思想的世界。对"事实"的回避是心灵腐化的开始，这种腐化遍及所有的宗教、政治和教育领域，遍及所有的人类关系。理解这个回避的过程并超越它，是我们关心的事情。

理想使心灵腐化，它出自观念、评判和希望。观念是对"事实"的抽象，任何关于真实的观念或结论都扭曲了真实，于是腐化便产生了。它分散了对"事实"的关注，并将它转向幻想。这种对事实的回避导致了符号、图像的产生，并使它们占据了最重要的地位。这种对事实的回避就是心灵的腐化。人类在交谈中，在他们的关系中，在他们做的几乎每件事情中都在放任这种倾向。事实被不断地转化为观念或结论，而这些观念和结论则主导着我们的反应。当我们看到一个事物时，思想立即制造出一个它的副本，并将它看成真实的。你看到一条狗时，思想立即转移到你可能有过的对狗的印象，因此你根本没有看到那条狗。

能否把这一点教给学生：和事实、那正在实际发生的在一起，无论是心理上的还是外在的？知识不是事实，它是"关于"事实的，它有自己恰当的位置，但是知识阻碍了对事实的感知，于是腐化产生了。理解这一点是非常重要的。我们认为理想是崇高的、具有伟大的目的和意义，而认为正在实际发生的事情仅仅是感官的、世俗的，只具有较少的价值。全世界的学校都有某种崇高的目的和理想，因此它们正在教育学生腐化。

是什么让心灵腐化？我们在使用心灵这个词来表示感觉、思考能力，以及将所有记忆和经验作为知识贮存的大脑，这全部的活动就是心灵。意识、潜意识以及所谓的超意识，整个这一切就是心灵。我们要问的是，在所有这些之中，哪些是腐化的要素？我们说理想会腐化心灵，知识也会腐化心灵。知识，无论狭义的还是广义的，都是过去的运动，当过去的阴影遮蔽了事实，腐化就产生了。知识，它在向未来投射的同时，却在指导着现在的事情，这就是腐化。我们正在用"腐化"这个词来表示破碎了的东西，不是整体的东西。事实从来不会破碎，事实无法被知识限制。事实的完整性开启了通向无限之门。完整不能被分割，它不是自相矛盾的，它不会分割自己。完整性和整体性是无限的运动。

　　模仿、依循是心灵腐化的显著因素之一。榜样——英雄、救世主、古鲁是导致腐化的最具破坏性的因素。追随、服从、依循否定了自由。自由存在于起点，而不是终点。不是先依循、模仿、接受，然后再发现自由。那是极权主义的精神，那是独裁者、权威、古鲁或牧师的冷酷无情。

　　因此权威就是腐化。权威是对健全、完整、完善的破坏，无论它是学校老师的权威、组织的权威、目的的权威、理想的权威，还是那个说"我知道"的人的权威。任何形式的权威的压力都是导致腐化的扭曲性因素。权威本质上是否定自由的。一个真正的教师，他的职责是引导、指出、告知，同时又不携带权威的腐化影响。

　　出自比较的权威是破坏性的。在拿一个学生和另一个学生进行比较时，双方都受到了伤害。不带比较地生活就是拥有健全。作为教师，你们会这样做吗?

12 | 心理伤害
教育就是要把心灵从"自我"的有限能量中解放出来

人类似乎拥有巨大的能量。他们曾经到达月球，登上地球上最高的山峰；他们将惊人的能量用于战争和制造武器，用于发展技术；他们有巨大的能量去累积海量的知识，建造金字塔，探索原子，以及从事每日的工作。当你考虑所有这一切的时候，你会意识到这花费了多么惊人的能量。这些能量大都被用于研究外在的事物，但人类只用非常少的能量来探究自己的整个心理结构。我们需要能量，无论是外在还是内在——去行动，或者完全静默。

采取行动和无为都需要巨大的能量。我们将"积极的"能量用于战争、写作、外科手术及海下作业。无为需要比采取所谓积极的行动多得多的能量。积极的行动是控制、支持、逃避。无为是完全专注的观察，在观察中，被观察者会经历一个根本的转变。进行寂静的观察不仅需要身体的能量，而且需要一种深刻的心理能量。我们习惯于以前的东西，这制约了我们的能量。在完全、寂静的观察中，也就是无为中，不存在能量的消耗，因此能量是无限的。

无为不是采取行动的反面。年复一年的每日工作确实是一种限制，这在目前的情况下或许是必要的，但是不工作并不意味着你会拥有无限的能量。正是心灵的懈怠造成了能量的浪费，如同身体的懈怠一样。我们在每个领域的教育都在削弱这个能量。我们的生活方式，它是一种成为或不去成为的持续斗争，是能量的耗散。

能量是超越时间和不可度量的，但我们的行为是可度量的，于是我们把这个无限的能量降低到狭隘的自我界限之内。我们限制了它，然后又去寻求那不可度量的能量，这种寻求是积极行动的一部分，因此是对心理能量的一种浪费。于是在自我的仓库中有一种无休止的活动。

我们在教育中要做的就是把心灵从"自我"中解放出来。如同我在这些信中屡次提及的，我们的职责就是培养新一代人，他们没有"自我"这种受限的能量。这些学校就是为了这个目的而存在的，这一点必须被再次重复。

在以前的一封信中，我们谈到过心灵的腐化。这种腐化的根源就是"自我"。"自我"就是代代相传的形象、画面、文字，你不得不和它的传统重负抗争。需要去观察的是这个事实，不是这个事实的后果，或者这个事实是怎么产生的。对后者给一个解释是相当容易的。但是毫不扭曲地去观察这个事实以及它所有的反应，就是否定性的行动。它会改变事实。不对事实采取行动，而是去观察"事实"本身——深入地理解这一点是非常重要的。

每个人在身体上和心理上都受到过伤害。身体上的痛苦相对容易处理，心理上的痛苦则难以发现。心理受伤害的后果是在自己周围建起一道墙，来抵抗进一步的痛苦，并因此变得担惊受怕或与世隔绝。这种伤害是由"自我"的形象以及它的有限能量引起的。因为"自我"是有限的，所以会受伤。那不可度量的能量永远不会被损坏，永远不会腐化。任何有限的事物都可能受伤，而完整的东西却是思想无法触及的。

教师能不能帮助学生永远不在心理上受伤——不仅是当他在学校里的时候，而且是在他的整个生命中？如果教师看到了这种伤害造成的巨大破坏，那么他会如何去教育学生呢？他会实际做些什么来保证学生一生中永远不会受伤呢？学生来到学校的时候已经受过伤了，也许他自己没意识到这个伤害。教师可以通过观察学生的反应、恐惧和攻击性发现已有的伤害。因此他有两件事情要做：使学生从过去的伤害中解脱和防止将来的伤害。

这是你关心的问题吗？还是说你只是读了这封信，在理智上理解了它？这根本就不能叫作理解，你因此也不会去关心学生。如果你关心的话——你应当这样，那么对于"他受伤了，而你必须不惜一切代价防止进一步的伤害"这个事实，你会做些什么呢？你如何处理这个问题？在你面对这个问题的时候，你的内心是什么状态？它也是你的问题，不仅是学生的。你是受过伤的，学生也是，因此你两者都要关心，它不是单方面的问题，你和学生一样牵涉其中。这个牵涉是你需要面对和观察的核心要点。仅仅抱着一个"从过去的伤害中解脱"的愿望，并希望永远不再受伤，这是一种能量的浪费。全神贯注地观察这个事实，不但会让你了解关于这个伤害的故事，而且它也恰好会驱散、扫除伤害。因此专注是一种巨大的能量，它永远也不会受伤或腐化。

请不要接受这些信中所说的话，接受是对真理的破坏。检验它，不是在将来的某个日子，而是在你读这封信的时候检验它。如果你不是随随便便地，而是用你全部的内心和生命去检验它的话，你就会亲自发现事情的真相。只有那时你才能帮助学生扫除过去并拥有一颗不会受伤的心。

13 | 习　惯
习惯使心灵麻木

　　这些信是以一种友好的态度写就的——它们无意支配你的思维方式，或劝告你遵循作者的思想或感受；它们也不是宣传，它事实上是你和作者之间的一次对话，像是两个朋友在非常友好的气氛中探讨问题，但不会有任何竞争或控制的感觉。你一定也曾观察过世界以及我们社会的状况，并由此理解到人类的生活方式，人们彼此间的关系，人和世界的关系，而这一切无论是从整体或每一个可能的方面来说，都必须有一种根本的转变。我们正在彼此交谈，不仅在深切地关心着我们特定的自我，而且在关心着那些你负有完全责任的学生们。

　　在学校里，教师是最重要的人，因为他们担负着人类未来的幸福。这不只是一个口头上的陈述，而是一个绝对的、不可改变的事实。只有当教育者确定无疑地感到自己工作的高尚和可敬时，他才会知道，教育是最崇高的事业，比政治家伟大，比世界上的王子们伟大。笔者对自己说的每一个字都是认真的，请不要将这些话看作夸大之词或想让你感受到一种虚假重要性，并因而对它弃之不顾。你和学生们必须在善中共同绽放。

　　我们已经指出心灵腐化或衰退的原因。社会正处在分裂之中，这些学校必须成为心灵再生的中心。不是思想的再生，思想永远也不可能再生，因为思想总是有限的，但是心灵整体的再生是可能的。如果你深入地审视了退化的方式的话，那么这种可能性就不是观念上的，而是实际的。在以前的信中，我们探究过这些方式中的一部分。

我们现在必须审视传统、习惯以及思想重复模式的破坏性本质。追随和接受传统，似乎会给你外在和内在的生活带来某种安全感。以任何可能的方式寻求安全感，一直是我们大多数行为的动机和驱动力量。对心理安全的需求妨碍了对身体安全的需求，使得身体的安全变得不确定。传统，通过文字、仪式、信仰（无论是宗教的、政治的或社会的）代代相传，它的基础就是这种心理上的安全感。我们很少质疑公认的准则，但当我们真地去质疑时，我们总会掉进一种新的模式陷阱。拒绝一个事物，而接受另一个，一直是我们的生活方式。新的更有吸引力，而旧的被留给了上一代，但是两代人都陷入了模式和体系，而这就是传统的运动。传统这个词本身就意味着依循，无论这个传统是现代的还是古代的。没有好的传统或坏的传统，只有传统，只有在所有教堂、寺庙和清真寺里徒劳重复的仪式。它们完全没有意义，但是情绪、感情、浪漫和想象为它们增添了色彩和幻觉。这是迷信的本质，世界上的每个牧师都鼓励它。这种沉溺或投入那些毫无意义的事物的过程是能量的浪费，它使心灵退化。你必须深入地觉知到这个事实，而正是这份专注结束了所有的幻觉。

还有习惯。没有好的习惯或坏的习惯，只有习惯。习惯是指由于没有意识而产生的重复行为。一个人可能故意陷入习惯，或被宣传说服，或由于恐惧而陷入自我保护的反应。快感也是这样。例行公事，无论在日常生活中多么有效或必要，通常都会导致一种机械的生活方式。在对正在做的事情有觉知的时候，你就能够在每天的同一时间做相同的事情而不形成习惯。专注会驱散习惯，只有在不专注的时候习惯才会形成。你可以在每天早上同一时间起床，而你知道你为什么会起床。这种觉知对另一个人来说或许显得像个习惯，或好或坏，但实际上对于那个有意识的、警觉的人来说，根本就没有习惯。我们陷入心理习惯或惯例，因为我们认为那是最舒服的生活方式。当你仔细观察在关系中形成的习惯——自己的或别人的，你就会发现，它有一种懒散、草率和漠视的特质。所有这些都会引起一种虚假的亲密感和安全感，并导致狡猾的冷酷。

每一种习惯中都存在危险：抽烟、重复活动、词语的使用、思想或行为。这些会使心灵彻底麻木。退化的过程就是找到一些虚幻的安全感，例如国家、信仰或理想，并抓紧它们。所有这些因素对于真正的安全都极具破坏性。我们生活在伪装的世界里，而它已经变成了现实。而质疑这个假象的人，要么成为一个革命者，要么信仰放纵主义，而两者都是导致退化的因素。

毕竟，经过世世代代的制约，具有非凡能力的大脑已经接受了这种虚假的安全，它现在已经成了一个根深蒂固的习惯。为了打破这个习惯，我们经受各种形式的折磨，种种的逃避，或者投身于某种理想的乌托邦。这是教师要去检查的问题，他的创造能力就在于非常仔细地去观察自身和学生所受到的根深蒂固的制约。这是一个共同的过程，不是你先检查你的制约，然后告诉别人你的发现，而是你们共同去探究和发现事情的真相。这需要耐心的品质，不是时间性的耐心，而是一种恒心和出于完全的责任感的勤勉关怀。

14 | 美
思想的运动不是美

我们已经变得太过聪明了。在言辞上和智力上，我们的脑子被训练得非常机智。它被塞满了大量的信息，而我们把这些信息用于职业上谋取利益。一个聪明的、智力发达的人会得到赞赏与尊敬。这样的人似乎占据了世界上所有重要的位置，他们拥有权力、地位、声望，但是他们的聪明最终会背叛他们。他们心中从来都不知道什么是爱，或深切的宽容与慷慨，因为他们被囚禁在自己的自负和傲慢里面了。这已经成了所有私立学校的模式。常规学校里的男孩或女孩则被现代文明所困，对整个生命的美无动于衷。

当你在光线幽暗、树影斑驳的森林中漫步，突然看到一片开阔的空间，一片被高耸的树木围绕的绿草，或一条活泼的小溪，你会奇怪为什么人类失去了与自然的联系，与大地、落叶和断枝之美的联系。如果你失去了与自然的接触，那么你必然会失去与其他人的联系。自然不仅仅是你小花园里面的花朵，可爱的绿地或流水，而是整个地球上的一切。我们认为自然是为了我们的使用和方便而存在的，并因此失去了和地球的交流。对落叶和山间巨树的敏感远比通过所有的考试和拥有一个吸引人的职业重要得多。那不是生活的全部。生活就像一条奔流的大河，没有起点也没有终点。我们从那个急流中取出一桶水，把这点有限的水变成了我们的生活。这是我们的局限和永远的悲伤。

思想的运动不是美。思想能够创造看上去很美的东西——绘画、大理石雕像或动人的诗句——但这些不是美。美是最高的敏感性，不是对自己痛苦和焦虑的感受，而是包含着整个人类的生命。只有在"自我"之流完全枯竭的时候，美才会存在。当"自我"不在时，美就存在了。随着对自我的放弃，美的激情就油然而生了。

在这些信中，我们一直在讨论心灵的退化。我们指出了这种退化的一些方式供你审视与探究。它的基本活动之一就是思想。思想是完整心灵的一种破碎。整体包含着部分，但是部分永远也不会成为完整的。思想是我们生命中最活跃的部分，感情伴随着思想。它们本质上是同一个东西，尽管我们倾向于将它们分开。把它们分开后，我们赋予感情、柔情、浪漫和奉献以巨大的重要性。但是思想就像项链上的细绳，穿行在所有这些之中，隐藏着，活跃着，控制着，调整着。它总在那儿，尽管我们总是愿意相信我们深刻的情感在本质上是不同的。这里面存在着巨大的幻觉，存在一种自欺，它被高度推崇并导致某种不诚实。

我们说过，思想是我们每天生活的现实。所有所谓的神圣典籍都是思想的产物。它们或许被当作神的启示来崇拜，但它们本质上是思想。是思想制造了涡轮机，地球上的伟大庙宇，火箭和人们内心的仇恨。是思想制造了战争，人们使用的语言，用手或心制造的偶像。是思想支配着人际关系。是思想描绘了什么是爱，天堂般的美感以及痛苦悲伤。人类崇尚思想，并以事业的名义推崇它的精细、它的狡诈、它的暴力、它的残忍。也是思想带来了巨大的技术进步以及随之而来的破坏能力。这就是思想的故事，它已经被重复了许多个世纪。

为什么人类赋予思想如此非同寻常的重要地位？是不是因为它是我们仅有的东西，尽管它是基于感官的？是因为思想能够支配自然，支配它周围的环境，并带来一些身体上的安全感吗？是因为它是人们用来操作、生活和获益的最佳工具吗？是因为思想制造了上帝、救世主、超意识，使我们遗忘了焦虑、恐惧、哀伤、嫉妒和内疚吗？是因为它把人们结合成国家、团体、教派吗？是因为它给黑暗的生活提供了希望吗？是因为它给了我们一个逃避乏味日常生活的出口吗？是因为在我们对未来不确定的时候，它提供了通过对过去经验的傲慢坚持而产生的安全感吗？是因为知识带来了稳固，使我们在对已知的确信中避免了恐惧吗？是因为思想为自身假定了一个不受伤害的位置，采取了一个对抗未知的立场吗？是因为爱是无法理解、不可测量的，而思想是可测量的，能够抵抗爱的永恒运动吗？

　　我们从未质疑过思想的本质。我们认定思想是必不可少的，就像我们的眼睛和腿一样。我们从未探查过思想的深层，因为我们从来没有质疑过它——它占据了突出的位置，它是我们生活的统治者，而统治者很少会受到挑战。

　　因此，作为教育者，我们要将它暴露在观察的光明中。观察之光不仅会立即驱散幻象，而且会突显被观察对象的最微小的细节。我们说过，观察不是出自一个固定的位置，不是出自信念、成见或结论。意见是相当劣质的东西，经验也是。有经验的人是一个处于危险境地的人，因为他被困在自己知识的监狱里了。

　　那么，你能否以非同寻常的明晰来观察思想的整个运动？这个光明就是自由。这并不意味着你占有了它，而且可以将它用于自己的方便与利益。对思想的观察就是对你整个生命的观察，这个生命正是被思想组合在一起的。正如思想是有限的，你也是如此。

15 | 能　力
能力被欲望限制了

　　我们还是继续来关注心灵的整体吧。心包括感觉、动荡不定的情感、大脑的能力和永不安静的思想。所有这些都是心，它包括意识的各个方面。当整个心灵都在运转的时候，它是无限的；它具有巨大的能量和行动，没有悔恨的阴影和对报偿的允诺。这种心灵的品质，这种完整，就是智慧。能否将这种智慧传达给学生并帮助他很快理解它的含义？这无疑是教育者的责任。

　　思考的能力会因受到欲望的影响和控制而被降低，也就是说这种能力被欲望的活动所限制。欲望是感官感受的实质。野心限制了大脑，也就是思想的能力。社会和经济的需求，或者个人自己的经验和动机限制了这种能力。这种能力被理想、各种宗教信仰的影响，以及无尽的恐惧削弱了。恐惧和快感是分不开的。

　　欲望——感官感受的实质，被环境、传统、我们自身的倾向和性格所影响，于是，需要全部能量的能力或行动就按照我们的舒适和快感而被局限了。欲望是我们生活中一个引人注目的因素。对于欲望，不是要去压抑或逃避，不是要去哄骗，也不是要用道理去说服，而是要去理解。只有通过对欲望的探究以及对它的活动的观察，这种理解才会到来。面对强烈的欲望之火，大多数宗教和派别的戒律都把它当成某种必须去压制、约束或奉献的东西——把它交给一个神灵或神圣的东西。人们为了完全拒绝欲望而立下的无数誓言并没有起作用，它还在那儿。

所以我们必须以不同的方式对待它，意识到智慧不是被欲望唤醒的。登上月球的欲望带来了庞大的专业知识，但是那种知识是有限的智慧。知识总是专门化的，因而是不完全的，但我们在谈论的是智慧，它是心灵整体的运动。我们关心的是这种智慧，以及它在教师和学生内心的觉醒。

我们在前面说过，能力被欲望限制了。欲望就是感官感受，对新鲜的经验和刺激的感受，攀登地球最高峰的感受，对权力和地位的感受。所有这些限制了大脑的能量。欲望提供了安全的假象，需要安全的大脑则鼓励并维持着每一种形式的欲望。如果我们不理解欲望的位置，它就会引起心灵的退化。理解它是非常重要的。思想是欲望的运动。想得到更多感受的欲望，以及对安全感那种虚幻的确定性的追求，驱动着我们发现的好奇心。好奇心会带来大量的知识，这些知识在我们的日常生活中有它的重要性。好奇心在观察中具有重要意义。

思想可能是心灵退化的核心要素，而洞见则打开了完全行动的大门。我们将在另一封信中研究洞见的完整含义，但现在我们必须考虑，对完整心灵来说，思想是不是破坏性的？对此我们已经做过了肯定性的陈述，但是在你彻底地、自由地考察过它之前，不要接受这个结论。

我们所说的完整心灵意味着无限的能力，以及完全的空无，其中有无法估量的能量。正因为思想在本质上是有限的，它将它的狭隘强加于整体，因此思想总是在最前端。思想是有限的，因为它来自记忆和通过经验累积的知识。知识是过去，而过去的总是有限的。记忆可以投射一个未来，但那个未来是与过去捆在一起的。所以思想永远是有限的。思想是可以度量的，或多或少，或大或小。这种度量是时间的运动：我曾经如何，我将会如何。当思想占据支配地位的时候，无论它是多么的微妙、狡猾和有力，都会妨碍整体。但是我们已经给了思想最为突出的重要性。

如果可以这样问的话，在读完这封信之后，你是否领会了思想的本质以及完整心灵的含义？如果你已经领会了，你能否将它传达给你负有完全责任的学生？这是一件困难的事情。如果你没有光，你就无法帮助别人拥有它。你可以非常清楚地解释它，或字斟句酌地定义它，但它不会具有真理的激情。

16 | 洞见与诚实
哪些欲望或思想是诚实的，哪些不是？

任何形式的冲突和斗争都会使心灵腐化。心灵是指我们整个的生命。当出现摩擦和矛盾的时候，这种整体的品质就被破坏了。因为我们大多数人终生都处于矛盾冲突的状态，这种整体性的缺失导致了退化。在这里我们关注的是亲自去发现到底有没有可能终止这些导致退化的因素。

或许我们大多数人从来没有考虑过这件事，却把它作为一种正常的生活方式来接受。我们确信冲突就像竞争一样会带来成长。我们对此有各种各样的解释——森林中的树木要争夺阳光；刚出生的婴儿要争取呼吸；母亲要为分娩而艰苦努力。我们习惯于接受这些，并且照此生活。这是我们世世代代的生活方式，如果有人说或许存在一种没有冲突的生活，这会显得相当不可思议。你可能会把它当作一种理想主义的废话来听，或者立即拒绝它，但你从未考虑过"过一种没有一丝冲突阴影的生活是可能的"这个命题有没有意义。如果你关心健全的生活，以及造就一代新人的责任——这是你作为教育工作者的唯一职责，你能去审视一下这件事吗？你能否就在教学的过程中，把你的亲身发现传达给学生？

任何形式的冲突都是抵抗的标志。迅疾的河流没有遇到抵抗，它绕过巨石，穿越乡村和城镇。人类会出于自己的目的去控制它。自由难道不正意味着不再有思想在自己的周围建立的抵抗吗？

诚实是一件非常复杂的事情。当你对自己说"我必须诚实"时，那是可能的吗？你对什么诚实？为什么要诚实？你能对自己诚实，从而公平地对待他人吗？诚实是一个理想的问题吗？一个理想主义者可能是诚实的吗？他生活在根据过去塑造的未来中，他困在已经过去的和应该成为的这两者之间，因此永远无法诚实。你是各种互相矛盾的活动的中心，各种互相对立的思想、感情和欲望的中心。哪些欲望或思想是诚实的？哪些不是？这些不只是口头上的质疑或者机智的推理。发现什么是完全的诚实是非常重要的，因为我们将要探讨洞见和行动的立即性。如果我们想要深刻理解洞见的含义，拥有完全健全的品质是十分重要的——拥有那个整体的诚实所具有的健全品质。你可能对理想、原则或坚定的信仰诚实。这些无疑都不是诚实。只有在二元冲突和对立面不存在的时候，才可能有诚实，但世界上存在黑暗和光明，夜晚和白天，男人和女人，高和矮等等，是思想让它们成了对立物，将它们置于矛盾之中。我们正在表述人类培养的心理上的矛盾。爱不是恨或嫉妒的反面，如果是的话，它就不是爱。谦卑不是自负或骄傲自大的反面，如果是的话，它就仍然是自大和骄傲的一部分，而不可能是谦卑。谦卑是和这些完全无关的。一颗谦卑的心不会意识到自己是谦卑的。因此诚实也不是不诚实的反面。

你可能对你的信仰或观念是真挚的，但是那个真挚会引起冲突，而有冲突的地方就没有诚实。所以我们要问的是，你是否能够对自己诚实。你自己是很多种活动的混合体，它们互相交叉，互相支配，很少一起流动。当所有这些活动一起流动的时候，就会有诚实。意识和无意识之间，上帝和魔鬼之间存在着分别。是思想导致了这些分别以及它们之间的冲突。善不存在对立面。

随着这种对诚实的新的理解，我们可以继续探索什么是洞见。洞见极为重要，因为它可能是彻底革新我们的行动并引起大脑自身转化的要素。我们曾经说过，我们的生活方式已经变得机械化，过去携带着所有累积的经验和知识，它是思想的源头，在指挥、塑造着所有的行动。过去和未来相互关联、不可分割，而思想的过程正是以此为基础的。思想永远是有限的。尽管它可以假装到达天堂，但那个天堂还是在思想的框架之内。和时间一样，记忆是可度量的。这种思想的活动从来不可能是新鲜的、原始的。因此，基于思想的行动一定总是破碎的、不完整的、矛盾的。思想的整个运动需要被深刻地理解，包括它在照看生活中的必要事物，以及需要记住的事情方面的功能与位置。那么什么是"不是记忆的延续"的行动呢？那就是洞见。

洞见不是思想的谨慎推理，不是思想分析的过程，也不是记忆的"被时间约束"的品质。它是没有感知者的立即感知。从这种洞见中产生了行动。从这种洞见出发，对任何问题的解释都是准确的、确定的、真实的，其中没有遗憾，没有反应。它是绝对的。没有爱的品质就不会有洞见。洞见不是一件可以争论的、理智上的事情。这种爱是最高形式的敏感性，此时所有的感官都同时绽放。这种敏感不是你的欲望、问题和生活中所有琐碎的一切。没有这种敏感，洞见显然是不可能的。

洞见是全然的。全然意味着整体，心灵的整体。心灵就是人类的全部经验，包括大量累积的知识和它带来的应用技术，它的悲痛、焦虑、痛苦、忧伤和孤独。但是洞见是超越这一切的。从悲痛、忧伤和孤独中解脱出来，对洞见来说是至关重要的。洞见不是一种持续的活动，它不可能被思想捕捉。洞见是最高的智慧，这种智慧可以把思想作为工具来使用。洞见是智慧以及与之相伴的美和爱。它们是无法区分的，实际上是一体的。这就是整体，那最神圣的。

17 | 欲望和混乱
没有欲望的介入，感觉能否极为活跃？

学校不仅是你学习日常生活必备知识的地方，你还要在那里学习生活的艺术，包括它所有的复杂性和微妙性。我们似乎忘记了这点，而变得完全沉湎于肤浅的知识中。知识总是肤浅的，但我们却不认为学习生活的艺术是必要的，我们没有把生活看作一门艺术。

当一个人离开学校的时候，他就停止了学习，然后靠他积蓄的知识继续生活。我们从来没认识到生活是一个完整的学习过程。当你去观察生活时，你会发现每一天都在不断地变化和运动，而你的心却没有足够迅速和敏锐地跟随它的微妙之处。你用陈旧的反应和执着来面对它。在这些学校里，这种情况能够被防止吗？这不意味着你必须拥有一颗开放的心。一般说来，开放的心就像漏勺一样留不住什么。真正需要的是一颗能够迅速感知与行动的心。这就是我们讨论"洞见和它带来的立即行动"这个主题的原因。洞见不会留下记忆的伤痕。按照通常的理解，经验留下它的痕迹而成为记忆，人就是从这个记忆来行动的。行动强化了这个记忆，因而变得机械。洞见不是一种机械的活动。

在学校里，能不能不去强化这个记忆，而是去教导学生，日常生活就是一个在关系中不断学习和行动的过程？对我们大多数人来说，记忆的伤痕变得非常重，我们因而失去了对生活迅速反应的能力。

学生和教师都生活在一种困惑和混乱的状态中，无论外表还是内心。你可能没有意识到这个事实。当你意识到这一点的时候，你会迅速地把外在的事情秩序化，但是你却很少意识到内在的困惑和混乱。

神就是混乱。想一想人类发明的数不清的神，或者唯一的上帝，唯一的救世主，观察这在世界上制造的困惑，它带来了战争、无数的分歧、不断分裂的信仰、符号和形象。这些不就是困惑和混乱吗？我们对此已经习以为常，我们欣然接受它，因为生活中的无聊和痛苦是如此的令人厌烦，以至于我们在思想制造的神明中寻找安慰。这就是我们数千年来的生活方式。每一种文明都发明了神，它们成为巨大的暴虐、战争和破坏的源头。他们的建筑或许极为美丽，但内在却是黑暗的，是混乱的根源。

你能把这些神抛到一边吗？如果你关心为什么人类的心灵会认同政治的、宗教的和经济的混乱并生活在其中，你就必须抛开它们。这些混乱的根源是什么，实际的而非神学上的原因？你能否撇开混乱这个概念，自由地去探索导致混乱的每日的实际根源？不是探索什么是秩序，而是什么是混乱。只有在彻底检查了混乱和它的根源时，我们才能发现什么是绝对的秩序。我们是如此地渴望发现什么是秩序，对于混乱却如此不耐烦，以至于总是倾向于压制它，认为由此能带来秩序。这里，我们不只在问我们的日常生活中有没有可能存在绝对的秩序，还包括困惑是否能够结束。因此我们首先关心混乱和它的根源。它是思想吗？它是矛盾的欲望吗？它是恐惧和对安全的寻求吗？它是对快感的持续要求吗？思想是混乱的根源之一或主要原因吗？

不只是作者，你也要问这些问题，请一直记住这一点。你必须自己发现那个根源，而不是由别人告诉你，然后你去重复。

正如我们指出过的，思想是有限的。而任何有限的东西，无论它的活动多么广泛，都必然会带来困惑。有限的东西会导致分裂，因而是破坏性的和会导致混乱的。我们充分探讨过思想的本质和结构。领悟思想的本质，就是让它回到正确的位置，这样它就会失去压倒性的控制力。

欲望及其不断变化的目标是不是我们混乱的原因之一？压抑欲望就是压抑所有的感觉，那会使心灵麻痹。我们认为这是迅速和容易地结束欲望的方法，但是你无法压抑它。它太强大、太微妙了。你无法将它抓在手里，按照你的愿望扭曲它——那是另一个欲望。我们在以前的一封信中讨论过欲望。欲望永远不能被作为正确的或错误的来进行压抑、转化或破坏。不管你对它做什么，它依然还是感觉和欲望。对觉悟的欲望和对金钱的欲望是相同的，尽管对象不同。

你能没有欲望地生活吗？或者换个说法，在没有欲望介入的情况下，你的感觉能否极为活跃？感觉有两种活动，心理上的和生理上的。身体寻求温暖、食物、性，还有身体上的疼痛，等等。这些感觉是自然的，但是当他们进入心理的领域，麻烦就来了——那里是我们困惑的地方。理解这一点是很重要的，尤其是当我们年轻的时候。去观察身体的感受，不要压抑或夸大它；保持警觉，留意它们不要让它们进入内心的领域，它们不属于那里。

那对我们来说是困难的，整个过程的发生太迅速了，因为我们不去看这些，没有理解它，从来没有真正地检查过实际在发生什么。面对挑战有一种立即的感觉反应。这种反应是自然的，不在思想和欲望的控制之下。当这种感觉反应进入心理层面的时候，我们的麻烦就开始了。这个挑战可能是一个女人或男人，或者某种让我们感到舒适、可口的东西，或者是一个美丽的花园。对这些的反应是感觉，当这种感觉进入心理领域时，欲望就开始了，思想则带着它的形象寻求对欲望的满足。

我们的问题是，如何防止自然的身体反应进入心理层面。这可能吗？只有当你以巨大的专注去观察这个挑战的本质，并仔细注视你的反应的时候，它才是可能的。这种完全的专注将阻止身体反应进入内心深处。

我们关注的是欲望以及对它的理解，而不是压抑、逃避或理想化这些欲望的残酷方式。没有欲望你无法生活，当你饿的时候你需要食物。而理解就是去审视欲望的整个活动，就是给予它适当的位置。那样它就不会成为我们日常生活中混乱的根源。

18 | 健　全
在没有度量的时候，就会有整体的品质

人对其同类的行为是没有限度的——他折磨他，焚烧他，杀死他，用宗教、政治、经济等一切可能的手段剥削他，这就是人对人的故事。聪明人剥削愚笨、无知的人。所有的哲学都是智力的，因而不是整体的。这种哲学奴役了人类。它们发明了社会应该如何的观念，并为了符合这些观念而牺牲了人。所谓思想家们的理想使人失去了人性。去剥削另一个男人或女人，似乎是我们日常的生活方式。我们互相利用，每个人都接受了这点。从这种特别的关系中产生了依赖，以及所有的苦恼、困惑和痛苦，它们是依赖的天然属性。人已经变得那么地不忠诚，无论是内在还是外在，无论对自己还是对他人。在这种情况下怎么可能有爱呢？

因此，对教育者来说，在个人关系中拥有完全的责任感就变得非常重要了——不仅是对学生，而且是对整个人类。他就是人类。如果他对自己没有完全的责任感，他就不会拥有对完全的责任感的热情，也就是爱。作为教育者，你感受到这种责任了吗？如果没有的话，那是为什么？你可能会感觉到对自己的妻子、丈夫或孩子负有责任，却忽视或者感觉不到对其他人的责任。但是如果你内心感受到了完全的责任感，你必然会对整个人类负起责任。

为什么你感受不到对他人的责任，这个问题是非常重要的。责任不

是一种情绪反应，也不是你强加给自己说"要有责任感"。那样它就变成了义务，因而也就失去了完全的责任感的内在品质所具有的美和芬芳。它不是某种你可以作为原则或想法来抓住的东西，就像占有一把椅子或一块表那样。母亲可能对她的孩子有责任感，觉得孩子是她血肉的一部分，因而全心全意地关怀和照顾孩子若干年。这种母性本能是责任感吗？也许我们从动物身上遗传了这种对小孩的特别依恋。它存在于所有的生命身上，从最小的小鸟到强壮的大象。我们在问，这种本能是不是责任感？如果它是，父母就会对正确的教育，以及造就一种完全不同的社会负起责任。他们会让这个世界没有战争，并让自己在善中绽放。

所以人似乎并不关心别人，而是只顾自己。这种只顾自己是完全的不负责任。他自己的感情、自己的个人欲望、他的执着、他的成功、他的上升都必然会公开或隐蔽地导致无情。真正的责任感会是这样的吗？

在这些学校里，给予的人和接受的人都负有责任，因此他们永远不能让自己沉溺在分别的特别品质里。自我中心的分别或许是整体心灵退化的真正根源，这是我们深切关心的问题。这并不意味着不要有私人关系，以及伴随的友爱、温柔、鼓励和支持。但是当私人关系变得过于重要，而且只对少数人负责的时候，问题就开始了。每一个人都知道这个事实。这种关系的破碎是我们生活退化的因素。我们已经把关系打碎了，以至于它成了对个人的、对团体的、对国家的、对某些观念的关系等等。

碎片永远也不能理解整体的责任。我们总是试图从渺小出发去捕捉伟大。更好不是好，我们的整个思想都建立在更好、更多的基础上——获得更好的考试成绩，拥有更好的工作、更高的地位、更好的神、更高尚的思想。更好是比较的结果。更好的绘画，更好的技术，更伟大的音乐家，更有才能，更美丽和更聪明，这些想法都有赖于这种比较。我们很少为了一幅画本身而看它，为了一个男人或女人本身而看他（她）。我们总是带着这种比较的品质。

爱是比较吗？你能说你爱这个人比爱那个人多吗？当存在这种比较的时候，那还是爱吗？当存在这种更多的感觉时（更多是一种度量），那么思想就在运作，但爱不是思想的活动。度量是比较，我们终生都被鼓励去比较。当你在学校里拿乙和甲比较的时候，你就在毁掉它们两者。那么有没有可能不带任何比较地去进行教育呢？

我们为什么会比较？原因很简单，因为度量是思想的方式，也是我们生活的方式。我们就是在这种腐化中被教育的。更好的总是比"事实"、比实际在发生的要高贵。对"事实"的观察，既没有比较，也没有度量，就是对"事实"的超越。

没有比较的时候就会有健全。这不是说对你自己你就是真实的，那还是一种度量，而是说在完全没有度量的时候就会有这种整体的品质。"自我"的本质就是度量。有度量就会有分裂。这点必须被深刻地理解，不是作为一个想法，而是作为一个事实。当你读到这个陈述时，你或许会将它抽象化为一个想法、一个概念，而抽象是另一种形式的度量。"事实"中没有度量。

请用你的心去理解它。当你领会了它的全部含义时，你和学生的关系、和自己家人的关系，就会变得完全不同。要是你问，那个不同是不是会更好，那你就陷在度量的圈子里了，你就迷失了。当你对此进行了实际而彻底的检验时，你就会发现那个不同。"不同"这个词恰恰意味着度量，但是我们现在使用它却并不是在比较。几乎我们使用的每一个词都有这种度量的意味，因此语言影响了我们的反应，而反应深化了比较的感觉。语言和反应是相互关联的，关键在于不要被语言局限，也就是说不让语言影响我们。使用语言，而不对它产生心理上的反应。

我们说过，我们关心的是对我们心灵退化的本质以及我们的生活方式进行交流。热情不是激情。你可能哪天对什么事情产生了热情，而第二天就丧失了。你可能对踢足球非常有兴趣，而当它不再给你带来快乐的时候，你就会失去这种兴趣。但激情是某种完全不同的东西，它里面没有时间的延迟。

19 | 问　题
身体上和心理上的问题浪费我们的能量

一般来说，父母很少有时间给自己的孩子，除了他们还是婴儿的时候。他们把孩子送到本地的或寄宿的学校里，或者让别人来照看。他们可能没有时间或必要的耐心在家里教育他们。他们被自己的问题占据了。因此我们的学校成了孩子们的家，而教育者成了负有全部责任的父母。我们前面写过这一点，现在又重复它并不多余：家是一个自由的地方，是提供安全、生存和庇护的地方。这些学校里的孩子们是否感受到他们正在被精心照看，被给予了充分的关注和慈爱，他们的行为、食物、衣服和习惯都得到了关心？如果是这样的话，学校就成了这样的地方：学生觉得他真的是在家里，在任何意义上都是，觉得周围有人在关心他的喜好、他说话的方式，在身体上和心理上照看他，帮助他免于伤害和恐惧。这是这些学校里每一位教师的责任，而不是一两个人的。整个学校的存在就是为了这个目的，为了营造这样一种氛围：让教师和学生可以在善中绽放。

教师需要悠闲来安静地独处，聚集耗散的能量，觉察自身的问题并解决它们，于是当他再次面对学生的时候，他就不必带着个人的混乱噪音。我们以前指出过，生活中出现的任何问题都应该被立即或尽快地解决，因为如果问题被日复一日地携带着，整个心灵的敏感性就会衰退。

这种敏感性是非常重要的。如果我们仅仅只是教授学生某一门课程，我们就失去了这种敏感性。当课程成了唯一重要的事情，敏感性就丧失了，那时你就和学生失去了联系。那样学生就只是一个信息的接收器。于是你的心和学生的心就都变得机械了。

一般来说，我们对自己的问题、自己的欲望和思想是敏感的，但很少对别人敏感。当我们持续和学生接触时，就会有一种把自己的形象强加给他们的倾向，如果学生有他自己牢固的形象，那么这些形象之间就会发生冲突。因此，教师应该把他的形象留在家里，而去关心父母和社会强加给学生的形象，或者学生自己制造的形象。

身体上和心理上的问题会浪费我们的能量。在这些学校里，教师能否拥有身体上的安全，同时免于心理上的问题？理解这点是很重要的。如果没有这种生理上的安全感，不确定会造成心理上的混乱。这会助长心灵的迟钝，使我们日常生活非常重要的激情枯萎，取而代之的是热情。热情是一个危险的东西，因为它从来都不是持续的。它高涨一时然后就过去了，这被误认为是认真。你可能在一段时间内对正在做的事情非常积极，充满兴趣和渴望，但它本质上是耗散。理解这点同样是非常重要的，因为大多数的关系都有这种浪费的倾向。

激情和情欲、兴趣或热情是完全不同的。对某个事物的兴趣也许会很深，你可能用那个兴趣来获得利益或权力，但那个兴趣不是激情。兴趣可能会被某个对象或观念激发。兴趣是自我放纵，而激情是没有自我的。热情总是针对什么，而激情自身就是火焰。热情能够被别人或外在于你的东西激起。激情则是能量的总和，它不是任何一种刺激的结果。激情是超越自我的。

教师拥有这种激情的感觉吗？因为它是创造的源泉。在教学上，你需要找到新的途径来传递信息，不让这些信息使心灵变得机械。历史是人类的故事。你能教授这样的历史吗——不是作为印度人的历史，英国人的历史，美国人的历史，而是作为整个人类的故事？那样的话教师的心就总是新鲜的、热切的，在发现一种完全不同的教学方式。在这个过程中教育者是异常活跃的，而激情就存在于这种活力中。

我们所有的学校是不是都能做到这一点？因为我们关心的是带来一个不同的社会，关心善的绽放，以及一颗不机械的心。这是真正的教育。你们，作为教育者，会承担这个责任吗？你和学生内心善的绽放就存在于这个责任中。我们对整个人类负有责任，人类就是你和学生。你必须从那里开始，然后遍及整个地球。如果你从很近的地方开始，你就能够走得很远。最近的就是你自己和你的学生。我们通常开始于最远的地方、最高的原则、最伟大的理想，然后迷失在富有想象力的思想制造的模糊梦境中。但是如果你从很近的地方开始，从最近的地方——你自己开始，那么整个世界就打开了，因为你就是世界，超出你的世界只有自然。自然不是想象的，它是实际的。现在正在你身上发生的也是实际的。你必须从实际的地方开始，从现在正在发生的开始。而现在就是永恒。

20 地 位
自私是我们生活的根本问题

大多数人都是自私的。他们意识不到自己的自私，那是他们的生活方式。如果一个人意识到他是自私的，他会非常小心地隐藏它，以符合社会的规范，那本质上也是自私。自私的心是非常狡猾的。它或者残酷而公开地自私，或者采取各种各样的形式。如果你是一位政客，自私就会寻求权力、地位和声望，它将自身等同于一个理念，一个使命，一切都是为了公众利益。如果你是一个独裁者，它就会通过野蛮的控制来表现自己。如果你有宗教倾向，它采取的形式就会是对信仰或教义的崇拜、奉献和坚持。它也在家庭中表现自己，父亲在他的生活方式中追求自己的自私，母亲也一样。

名望、富贵、美貌构成了这种自我的隐蔽运作的基础。它也存在于牧师的等级结构中，无论他们如何宣称他们对上帝的爱，那都是他们对自己制造的神祇形象的忠诚。大企业的首脑和贫穷的雇员都有这种不断扩张和令人麻木的自我癖性。宣布放弃世俗生活的出家人可以在世界上流浪，或者把自己锁在寺院里，但是他们并没有离开这种无休止的自我运动。他们可以改换名字，穿上僧袍，发誓独身或静默，但却被某种理想、形象、符号所煎熬。

科学家、哲学家和大学教授也是如此。那些做善事的人，圣徒们和古鲁们，不停为穷人工作的男人或女人们，他们都试图在工作中忘记自我，但工作正是自我的一部分。他们将自我中心转移到他们的劳动中。它从童年开始，一直持续到老年。知识带来的自欺，领导者故意实践的谦卑，屈从的妻子和专横的丈夫，都有这种疾病。自我可以认同于国家，认同于无数的团体，认同于无数的理想和事业，但它实际上并没有改变。

人类尝试各种各样的练习、方法、冥想，以摆脱这个引发了诸多苦恼和困惑的自我中心，但是它就像影子一样从未被捕捉到。它一直在那儿，却从你的指缝里，从你的心里溜走了。根据情况的不同，它有时被强化，有时被弱化。你在这里堵住它，它却出现在那里。

我在想，教育者，对下一代负有责任的人，是否真正理解，而不仅是口头上理解，自我是一个多么有害的东西，它对我们的生活是多么的败坏、扭曲和危险。他也许不知道如何摆脱它，甚至也许意识不到它的存在，但是一旦看到了自我运作的本质，他能否向学生描述它的微妙？这难道不是教师的责任吗？深入洞察自我的运作远比学业更为重要。知识也可以被自我用于它的扩张、侵略和固有的残忍。

自私是我们生活的根本问题。顺应和模仿是自我的一部分，竞争和才能带来的冷酷无情也是。在这些学校里，如果教师把这个问题认真地放在心里，这是我的希望，那么他会如何帮助学生成为无私的呢？你或许会说它是碰运气的事，或者认为那是不可能的而置之不理。但是如果你是严肃的，而一个人应该如此，并对学生完全地负责，你会如何开始让心灵从这个古老的、约束性的能量，这个导致了那么多苦难的自我中解脱出来呢？

在学生带着怒气说话的时候，在他打人的时候，在他考虑自己的重要性的时候，你会不会带着巨大的关怀——那意味着慈爱，用简单的话语解释那样做的后果？当他坚持"这是我的"，或炫耀"那是我做的"，或由于恐惧而逃避某个行动时，向他解释他正在一点点地在自己周围建造一堵墙，难道不是可能的吗？当他的欲望、他的激情压倒了他的理性，向他指出自我的阴影正在扩大，难道不是可能的吗？告诉他，无论如何伪装，有自我的地方就没有爱，难道不是可能的吗？

　　但是学生可能会问教师，"你领悟所有这些了吗，还是你只是在玩弄文字"？可能恰恰是这个问题唤醒了你自己的智慧，而那个智慧会给你准确的感觉和语言做出回答。

　　作为一个教师，你没有特别的地位。你是一个人，带着所有生活的问题，和学生一样。一旦你出于地位来说话，你就在破坏人与人的关系。地位意味着权力，当你有意或无意地寻求它的时候，你就进入了一个残酷的世界。你拥有巨大的责任，我的朋友，如果你承担这完全的责任，也就是爱，那么自我的根基就消失了。这样说不是在鼓励你，或者让你觉得你必须这么做，但是因为我们都是人，代表着全体人类，我们负有完全的责任，无论我们是否这样选择。你可以试图回避它，但那个活动恰恰是自我的行为。清晰的感知就是从自我的解脱。

21 | 敏感性
身体的智慧会守护它自身的健康

善的绽放是我们全部能量的释放，它不是对能量的控制或压抑，而是让这个巨大的能量获得完全的自由。思想，以及我们感官的分裂，使这个能量变得局限和狭隘。思想本身就是这个能量操控自己进入一个狭窄沟槽、一个自我中心的过程。只有当能量是自由的，善的绽放才可能发生。思想由于其自身的本性限制了这个能量，于是感官的分裂就产生了。因此就有了感官，及它的感受、欲望，以及思想从欲望中制造出的各种形象，所有这些都是能量的分裂。这种受限的活动能够被它自身意识到吗？或者说，感官能意识到它自身吗？欲望能看到它自己从感官、从思想制造的形象的感受中升起吗？思想能意识到它自己、它自身的运动吗？这一切意味着：整个身体能意识到它自己吗？

我们通过感官来生活。通常其中的某一个感觉会占优势——听觉、视觉和味觉似乎是相互分离的。但这是事实吗？还是说我们给了一个或另一个更多的重视，确切地说，是思想给予了某个感官更多的重视？你可能会聆听伟大的音乐并以此为乐，却对其他东西不敏感。你可能拥有敏感的味觉，而对美妙的颜色完全不敏感。这就是分裂。如果每一个碎片只知道它自己，那么分裂就会继续，这样能量就分裂了。如果是这样的话——看上去似乎是如此，那么有没有一个所有感官的不分裂的觉知？

思想是感官的一部分。身体能意识到它自己吗？不是你意识到自己的身体，而是身体自己意识到。发现这一点是很重要的。它无法被别人教会，因为那样它就成了"二手"的信息，那是思想在强加它。你必须亲自去发现，整个机体——这个生理的个体是否能意识到自己。你可能会意识到胳膊、腿或头部的运动，通过那种运动你感觉你正意识到整体，但是我们在问的是：没有任何运动，身体能不能意识到自己？弄清这些是重要的，因为思想将它的模式强加给了身体，它认为的正确的运动、正确的食物等等。因此存在思想对机体的控制，以及思想和机体之间有意或无意的斗争。思想通过这种方式破坏了身体本有的智慧。

这个身体，这个有机体，有它自己的智慧吗？当所有的感官一起和谐运作，因而不存在紧张、情绪或对欲望的要求时，就会有这种智慧。你饿的时候会吃东西，但是被习惯塑造的味觉通常会指定你吃些什么，于是分裂就产生了。健康的身体只能来自所有感官的和谐，那是身体自身的智慧。我们的问题是：不和谐不会导致能量的浪费吗？被思想压抑和破坏的机体自身的智慧能够被唤醒吗？

记忆对身体造成了严重的破坏。对昨日快感的回忆让思想成了身体的主人。身体成了奴隶，智慧被拒绝了。这样就有了冲突。这个冲突可能表现为懒惰、疲惫、冷漠或神经质。当身体不被思想约束——尽管思想也是它的组成部分——而拥有自身的智慧时，这个智慧将会守护它自身的健康。

快感以它最原始或最训练有素的形式支配着我们的生活，而快感本质上是一种记忆——那已经过去的或者预期将要发生的。快感从来不在此刻。当快感被拒绝、压制或封锁，神经质的行为，比如暴力和憎恨，就会因受挫而产生。然后快感就会寻求其他形式和出口，满意或不满就出现了。要意识到所有这些身体上的和心理上的活动，需要对你生活中的全部活动进行观察。

在身体意识到自身之后，我们可以问一个更进一步或许是更加困难的问题：思想，制造了这整个意识的思想，能不能意识到自己？思想大部分时间都在支配着身体，身体因此失去了它的活力、智慧和自身固有的能量，从而产生了神经质反应。身体的智慧与完整的智慧是不同的东西吗？这个完整的智慧只能发生在思想意识到自身的局限，并发现自己恰当位置的时候。

正如我们在开头说过的，只有在全部能量都得到释放的时候，善的绽放才能够发生。这种释放中没有摩擦。只有在这种至高的、没有分裂的智慧中才会有这种绽放。这个智慧不是理智的产物。这个智慧的整体就是慈悲。

通过各种形式的控制，通过艰苦的自律，通过禁食，通过对某个至上法则或神祇的自我牺牲式的奉献，或者通过熟练控制它的各种状态，人类试图释放这个巨大的能量。所有这些都意味着操纵思想去获得一个想要的结果。但是我们所说的与所有这些完全相反。这一切能被传达给学生吗？这是你们的责任。

22 | 自我中心
思想是我们所有苦难和丑陋的根源

　　这些学校关心的是造就新一代人，让他们从自我中心的活动中解脱出来。没有其他的教育机构在关心这件事。作为教育者，我们的责任是培养一颗自身没有冲突的心，并终止我们周围世界的斗争和冲突。

　　心灵，这个复杂的结构和运动，能摆脱它自己编织的罗网吗？每一个有智慧的人都会问，有没有可能终止人与人之间的冲突？一些人在理智上非常深入地研究了这个问题；另一些人在看到它的无望后，变得愤世嫉俗，或者指望某个外在的东西将他们从自身的混乱和痛苦中解救出来。当我们问"这颗心能否将它从自己制造的监狱中解放出来"的时候，它并不是一个智力上的问题，或辩论性的问题。它是被非常严肃地提出的，是一个你必须回应的挑战，不是在你方便或舒适的时候，而是取决于那个挑战的深度。它是不能拖延的。

　　挑战不是要问可不可能，这颗心能不能解放自己。这个挑战如果是有价值的，就会是紧迫而强烈的。要回应它，你必须拥有那种强烈而直接的品质、那种感受。当你以这种强烈的方式对待这个问题，它就会显示出巨大的含义。这个挑战需要你最卓越的品质，不仅是智力上的，而是来自你生命的每一部分。这个挑战不是在你之外的，请不要将它外在化，那是在制造关于它的概念。你是在要求自己全部的能量。正是那个要求清除了所有的控制、所有的矛盾和任何内心的反对。它意味着全然的健全、完全的和谐。这是不自私的本质。

心灵和它的情绪反应，以及所有思想制造的东西，就是我们的意识。这个意识及其内容也是世界上每一个人的意识，它在每个人身上都被修正过——并不完全相同，在微妙和精细的地方是不一样的，但是根本上，它存在的基础是所有人共有的。科学家和心理学家在考察这个意识，古鲁们则出于自己的目的玩弄它。严肃的人们将它作为一个概念，作为一种实验室的工作。他们在检查大脑的反应、阿尔法波等等，把它作为自身之外的某种东西。

但是我们不关心关于意识的理论、概念和观念，我们关心的是它在我们日常生活中的活动。通过理解这些活动、日常反应和冲突，我们将对自身意识的本质和结构有一种洞见。就像我们指出的，这个意识的基本事实对我们所有人来说是共同的。它不是你的或我的特别的意识。我们通过继承获得了它，并且不断在各处修正和改变它，但是它的基本活动是全人类共同的。

这个意识就是我们的心灵，以及它所有错综复杂的思想、情感、感官反应，累积的知识、苦恼、伤痛、焦虑和暴力。所有这些都是我们的意识。头脑是非常古老的，它被许多世纪的进化所局限，被每一种经验所局限，被新近积累的知识进一步加强。所有这些都是意识在我们生活中每时每刻的运作。它是人和所有的快乐、痛苦、对相互矛盾的感受之困惑，以及对欲望之痛苦和满足的关系。这是我们生活的运动。我们要问的是，这个古老的运动到底能不能终止而这必须当作一个挑战来面对。因为它已经变成了一种机械的活动、一种习惯的生活方式。在结束中就会有一个开始，只有此时才是无始无终的。

　　意识似乎是一件非常复杂的事情，但实际上它也很简单。思想制造了我们意识的所有内容，它的安全感，它的不确定，它的希望和恐惧、忧伤和得意、理想、幻觉。思想要为我们意识的全部内容负责，一旦理解到这点，就必然会产生如下问题：思想是否能够停止。为了停止思想，人们曾经做过许多尝试——宗教的和机械的。终止思想这个要求本身正是思想活动的一部分。对超意识的寻求仍然是思想的度量。教堂、庙宇和清真寺里的神祇、仪式、所有的情感幻象，以及那些宏伟的建筑，都仍然是思想的活动。上帝也是被思想放置在天堂里的。思想没有创造自然，自然是真实的。椅子也是真实的，它是思想创造的；所有科技带来的东西都是真实的。幻觉是在逃避真实，即现在正在发生的事，但是幻觉变成了真实，因为我们依靠它们来生活。狗不是思想创造的，但是我们对狗的期望是思想的活动。思想是度量，思想是时间，这一切就是我们的意识。心灵、头脑、感官都是它的一部分。我们在问这个运动能不能终止。

　　思想是我们所有苦难与丑陋的根源。我们要求的是终止这些思想制造的东西，不是终止思想本身，而是终止我们的焦虑、悲伤、痛苦、权力、暴力。随着这些的终止，思想会发现自身合理的、有限的位置，即一个人必须拥有的常识和记忆。当意识的内容——也就是思想制造的东西——不再活跃，那么就有了广阔的空间，被意识限制的巨大能量就得到了释放。爱是超越于这个意识之外的。

23 | 生活的艺术
关系就是生活的艺术

提问者[1]：如果可以的话，我想问一个非常严肃的问题，你认为生活中最重要的东西是什么？这个问题我已经想了很久，生活中有那么多的事情看上去都很重要。

克里希那穆提[2]：是生活的艺术——我们是在最广泛的意义上使用"艺术"这个词的。生活是如此复杂，挑出一个方面说它最重要总是困难的，并且会有误导性。如果我可以指出的话，正是这种选择性和区别性导致了进一步的困惑。如果你说这个是最重要的，那么你就把生活中其他的事实降低到次要的位置了。要么我们把生活的全部活动看成一个整体，这对大多数人来说极为困难，要么我们选择一个可以包括其他一切的基本的方面。如果你同意这样，那么我们可以继续我们的对话。

问：你的意思是说一个方面可以覆盖生活的全部领域？这可能吗？

克：这是可能的。让我们非常缓慢和谨慎地论及这个问题。首先，我们两个人必须去研究，而不是立即得出某个结论，那通常是相当肤浅的。我们一起探索生活的一个方面，在对它的理解中，我们也许会涉及生活的全部领域。要研究，我们就必须摆脱我们的偏见、个人经验和预

---

① 下文中"提问者"简称为"问"。——中文版编者注
② 下文中"克里希那穆提"简称为"克"。——中文版编者注

设的结论。就像一个优秀的科学家，我们必须拥有一颗不被我们累积的知识所蒙蔽的心，我们必须重新接近它，对正在观察的对象没有任何的反应。在这种探索中，这是必要的条件之一。它不是对一个想法或一系列哲学观念，而是对我们自己内心的探索。这些是绝对必要的，否则我们的研究就被自己的恐惧、希望和快乐染上了色彩。

问：你的要求太过分了吧？拥有这样一颗心是可能的吗？

克：正是对研究的强烈愿望让心从它的色彩中摆脱出来。我们说过，最重要的事情之一就是生活的艺术。有没有一种完全不同的生活方式？我们都知道通常的方式。存不存在一种生活方式，没有任何控制、冲突和纪律导致的顺从？我怎么去发现它？只有当我全心全意面对现在正在发生的事情时，我才能发现它。这意味着，只有现在正在发生的事情被观察的时候，我才能发现没有冲突的生活意味着什么。这种观察不是理智或感情上的事情，而是深刻、清晰而敏锐的感知，其中没有二元性。只有那真实的存在，别无其他。

问：你这里所说的二元性是什么意思？

克：意思是说，正在发生的事情当中没有对立面或矛盾。只有在逃避事实的时候，二元性才会出现。这种逃避制造了对立，于是冲突就产生了。只有真实存在，没有别的了。

问：你是说，当现在正在发生的事情被感知时，这颗心一定不要带着联想和反应？

克：对，就是这个意思。对正在发生的事情的联想和反应是内心的制约。这种制约妨碍了对现在正在发生的事情的观察。正在发生的东西是没有时间的。时间是我们制约的演进，它是人类的遗传，是没有起点的重负。在热切观察实际发生的事情时，被观察对象就会化为空无。对正在发生的愤怒的观察会显示出暴力的全部本质和结构，这个洞见就是所有暴力的终结。暴力没有被任何东西取代，而这正是我们的困难所在，因为我们全部的欲望与冲动就是找到一个确定的结果。那个结果当中有一种虚幻的安全感。

问：对我们很多人来说，观察愤怒是困难的，因为情绪和反应似乎是愤怒不可分割的一部分。没有联想和内容，你是不会感到愤怒的。

克：愤怒背后有很多东西，它不是一个孤立的事件。就像你指出的，其中有很多联想。正是这些联想以及它们的情绪妨碍了实际的观察。在愤怒之中，内容就是愤怒，愤怒就是内容，它们不是两个分开的东西。内容就是制约。在对正在实际发生的事情——也就是制约的活动——的热切观察中，制约的本质和结构就溶化了。

问：你的意思是说，当一个事件发生时，心中就会有立即的、飞驰的联想之流？如果一个人立即看到它是如何开始的，观察立即就终止了它，它就消失了？你是这个意思吗？

克：是的，这真的是很简单的，那么简单以至于你错过了它的简单和微妙。我们要说的是，不管正在发生什么——在你走路的时候，说话的时候，"冥想"的时候——那个正在发生的事情都需要被观察。心在游荡的时候，正是对它的观察结束了它的喋喋不休。所以任何时候都不存在分心的事。

问：你似乎是在说，思想的内容在生活的艺术中是根本没有意义的。

克：是的。在生活的艺术中，记忆是没有位置的。关系就是生活的艺术。如果关系中有记忆，它就不是关系。关系存在于人和人之间，而不是他们的记忆之间。正是这些记忆导致了分别，于是就有了争执，有了"你"和"我"的对立。因此思想，即记忆，在关系之中没有任何位置。这就是生活的艺术。

关系是指和一切事物的——和大自然、鸟儿、石头，和我们周围及头顶上的每件东西——云朵、星辰、蓝天的关系。所有的存在都是关系。没有关系你无法生活。因为我们已经使关系腐化了，我们生活在一个正在衰退的社会中。只有在思想不染污爱的时候，生活的艺术才会存在。在这些学校里，教师能完全投入到这种艺术中去吗？

24 | 文　字
文字妨碍真实的感知

　　最伟大的艺术就是生活的艺术，它比人类用大脑或双手创造的任何东西都伟大，比所有的经典和它们的神明都伟大。只有通过生活的艺术，一种新的文化才会产生。实现它是每一位教师的责任，特别是在这些学校里。这种生活的艺术只能来自完全的自由。

　　这种自由不是一个理想，一件最终要发生的事情。自由的第一步就是自由的最后一步。重要的是第一步，而不是最后一步。你现在做什么远比你将来某个日子做什么重要。生活就是这个刹那发生的事情，不是想象的刹那，不是思想虚构的东西。因此重要的是你现在走出的第一步。如果这一步是朝着正确的方向，那么整个生活就会对你敞开。正确的方向不是朝着一个理想、一个预设的目标。它和现在正发生的事情是分不开的。这不是哲学，不是一套理论。它正是"哲学"这个词的确切意思——对真理的爱，对生活的爱。这不是你到大学里去学的东西。我们是在每天的生活中学习生活的艺术。

　　我们靠文字生活，文字成了我们的监狱。文字对交流来说是必要的，但是文字从来不是事物本身。事实不是文字，但是当文字代替了事实，文字就成了首要的、当对事物的描述——我们崇拜的符号、我们追随的影子，我们紧抓的幻象——成了代替事物本身的事实时，你可以观察到这个现象。文字、语言塑造了我们的反应。语言成了巨大的力量，我们的内心被文字塑造并控制。"民族""国家""上帝""家庭"等词汇携带着它们所有的联想包围着我们，于是我们的心灵变成了文字压力的奴隶。

问：如何避免这样的情况呢？

克：文字绝不是那个东西。"妻子"这个词绝不是那个人，"门"这个词并不是门。文字妨碍了对事物或人的真实觉察，因为文字携带着很多联想。这些联想实际上就是记忆，它们不仅扭曲了视觉上的观察，也扭曲了心理上的观察。于是文字妨碍了观察的自由流动。例如"首相"和"职员"这两个词。他们描述的都是职务，但是"首相"这个词带有强烈的权力、地位和重要性的含义，而"职员"这个词则会产生不重要、地位卑微和没有权力的联想。因此，文字阻碍你将二者都作为人来看待。我们大多数人内心都存在着根深蒂固的势利。看到文字对我们的思维产生了什么样的影响，无选择地觉知它，就是学习观察的艺术——不带联想的观察。

问：我理解你说的话，但联想的速度是如此之快，在你意识到它之前，反应已经发生了。有可能阻止它吗？

克：这难道不是一个错误的问题吗？谁要去阻止它？是另一个符号，另一个文字，另一个想法吗？如果是的话，那么你就没有看到文字、语言奴役心灵的完整意义。你知道，我们带着情绪使用文字，它是情绪化思考的一种形式，除了技术性词汇的使用之外，比如在数字或计量中，这样是精确的。在人类的关系和活动中，情绪扮演着重要的角色。被思想制造的形象支撑的欲望是非常强大的。形象就是文字、图案，它们紧随着我们的快感和欲望。因此，我们整个的生活方式都在被文字和与之相关的联想塑造着。将这些作为一个整体，看到它的全部过程，就是看到思想如何妨碍感知这个事实。

问：你是说没有文字就没有思考？

克：对，差不多是这样。请记住我们是在谈论生活的艺术，学习它，不是要记住文字。我们是在学习，不是我来教导，而你成为一个愚蠢的门徒。你在问是否存在没有文字的思考，这是一个很重要的问题。我们全部思考都是基于记忆，而记忆是基于文字、形象、符号、图像，所有这些都是文字。

问：但是一个人记住的不是文字，它是经验，带有情绪的事件，一个人或场所的画面。文字是次一级的联想。

克：我们正在用文字描述所有这些东西。文字毕竟是一种符号，用来指示已经发生或正在发生的事情，用来表达或唤起什么。如果没有这整个的过程，还有没有思考？有，不过它不该被称为思考。思考意味着记忆的延续，但是感知不是思想的活动。它实际上是对文字、符号、形象以及它们的情绪化缠绕这整个运动的本质的洞察。整体地看待这些，就是给予文字一个恰当的位置。

问：但是，看到整体是什么意思？你经常这样说，它到底是什么意思？

克：思想导致分裂，因为它本质上是有限的。整体的观察意味着没有思想的干涉，没有作为知识的过去的阻碍。此时观察者就不存在了，因为观察者是过去，而这正是思想的本质。

问：你在要求我们停止思想吗？

克：如果我们可以指出的话，那又是一个错误的问题。如果思想命令自己停止思考，它就制造了二元性和冲突。这正是思想引起了分裂的过程。如果你真正理解了这个真相，那么思想自然就停息了。然后思想就拥有了自身有限的位置。思想就不会再像现在这样掌管生活的整个领域了。

问：先生，我知道这需要非同寻常的注意力。我真能拥有那种注意力吗？我能拥有足够的认真，对此投入我全部的能量吗？

克：能量能被分割吗？能量被消耗在谋生上面，在拥有一个家庭上面，也用在认真领会正在说的这些话上面。这都是能量。但是思想使它分裂，所以我们将很多能量用在谋生上面，而很少用在其他方面。这种生活的艺术就是没有分裂的艺术。这就是完整的生活。

25 | 智　力
学习"你自己"这本书

　　我们为什么要接受教育？也许你从来没问过这个问题，但是如果你问的话，你的回答会是什么？有许多关于接受教育的必要性的理由，论证它是合理的、完全必要的和正常的。通常的回答是为了得到一份工作，拥有一个成功的职业，或让自己的双手或头脑变得灵巧。重点还是在于让自己有能力去找到一个好的、有利可图的职业。如果你智力上不够聪明，那么你双手的技能就变得很重要。据说教育是必要的，它是为了维持社会现状，为了符合由所谓当权派（无论是传统的或超现代的）所设定的现有秩序。受过良好教育的头脑有能力出色地收集几乎任何主题的信息——艺术、科学等等。这个博学多闻的头脑是学者化的、专业化的和哲学化的。这种博学是极受赞赏和尊重的。如果你在学习中勤奋、聪明、反应敏捷，这种教育将确保你有一个光明的未来，它的光明程度取决于你在社会中所处的的位置和环境。如果你在这种教育结构中没有那么杰出，你就会成为一个劳动者，一个工厂工人，或者你不得不在这个非常复杂的社会的底层找到一个位置。这是我们通常的教育方式。

　　教育是什么？教育本质上就是学习的艺术，不仅从书本上，而是从生活的全部运动中学习。印刷文字已经变得极为重要。你在学习别人的想法、观点、价值观，他们的判断和种种数不清的经验。图书馆比拥有图书馆的人更加重要。人自己就是图书馆，他却认为自己通过不断地阅读在学习。这种信息的累积，就像电脑一样，被认为是在培养高素质的、完善的头脑。然后还有了那些根本不读书的人，他们相当鄙视那些读书的人，他们沉浸在他们自我中心的经验与自以为是的看法中。

认识到所有这些之后，完整心灵的功能是什么？我们所说的"心灵"是指所有的感官反应，情绪（那和爱完全不同）和智力上的能力。我们现在给予智力超乎寻常的重要性。我们说的"智力"是指逻辑推理的能力，无论是清晰的还是不清晰的，客观的还是主观的。智力及其思想运动导致了人类社会的分裂。是智力在语言上、民族上、宗教上划分了世界，划分了人和人。智力是全世界人类退化的首要因素，因为智力只是人类条件和能力的一部分。当这个部分被赞美、被崇拜、被赋予荣誉，当它占据了全部的重要性，那么你的生活，也就是关系、行动、行为，就会变得矛盾和虚伪。于是焦虑和愧疚就产生了。智力有它的位置，例如在科学当中，但是人类不光利用科学知识获取利益，而且也生产武器，污染环境。智力能够看到它自己的活动，这些活动在导致退化，但是它却完全没有能力终止自身的衰退，因为本质上它只是一个局部。

我们曾经说过，教育是学习的实质。学习智力的本质，它的控制力、它的活动、它巨大的能力和它的破坏性力量，就是教育。不是从书本上，而是从对周围世界的观察中去学习思想的本质，思想正是智力的活动，不带理论、偏见和价值观地去学习正在实际发生的东西，就是教育。从书本中学习是重要的，但比这重要得多的是学习"你自己"的故事这本书，因为你就是所有的人类。读这本书就是学习的艺术。整个人类都在那里：各种机构，它们的压力，宗教的强加和教条，他们的残忍，他们的信仰。

所有社会的结构就是人们和他们的贪婪、野心、暴力、快感、焦虑等等之间的关系。这一切就在那里，如果你知道怎么去看的话。

这本书不在远处，也不是隐藏在你心里。它在你的周围，你是这本书的一部分。这本书会向你讲述人类的故事，它需要在你自己的关系、反应、观念和价值标准中被阅读。这本书是你存在的核心，而学习就是非常细心地阅读它。这本书会告诉你过去的故事，过去是如何影响你的理智、感情和感官的。过去在影响着现在，并根据此刻的挑战修正自己。人类就陷在这种时间的无尽运动中。这是人类的局限。这个局限一直是人类永无休止的重负——你的和你兄弟的。哲学家、神学家和圣人们接受了这个局限，他们允许了这种接受，并且在充分利用它。或者他们提供了逃避，逃到神秘经验、神明和天堂的幻觉中。教育就是这样一门艺术，去学习这个局限性，学习如何脱离它，学习从这个重负中获得解脱。有一种摆脱它的方法，那不是逃避，不是接受现有的事实，不是对局限的回避，也不是对它的压抑，而是局限性的溶解。

当你读到或听到这里，是否觉知你在以智力上的能力听或读，还是带着专注的关心？全神贯注的时候没有过去，只有对正在实际发生的东西的纯然观察。

26 | 暴 力
比较是暴力的一部分

　　教育的责任是培养新一代的人类，让他们的精神和内心从痛苦、焦虑和辛劳中解脱出来，而我们总是倾向于忘记或忽视这一点。这是一个神圣的责任，不应该为了自己的野心、地位或权力而轻易地将它放到一边。如果教育者感受到这样的责任，感受到它的伟大、深刻和它的美，他就会发现自己教育学生的能力，以及保持自身能量的能力。

　　这要求极大的勤奋，不是时有时无的努力。正是这种深远的责任会点燃那使他成为一个完整的人和一个伟大教师的火焰。因为世界正在迅速地退化，这些学校中必须有这样一群教师和学生，他们为了使人类产生根本性的转变而投身于正确的教育。"正确"这个词不是一个看法、评价或智力创造的观念，它指的是全然的行动，其中所有自利的动机都停止了。正是这个巨大的责任，教师和学生对此的关注，驱逐了那些自我延续着的问题。不论心智是多么的不成熟，一旦你承担了这个责任，这个承担就会带来心灵的绽放。这种绽放就发生在教师和学生的关系当中。它不是单方面的事情。

　　在读这些的时候，请付出你全部的注意力，感受这个责任的紧迫和强烈。请不要将它转变成一个抽象的概念、一个想法，而是去观察实际的事实，在阅读过程中正在实际发生的。

几乎所有人一生都在渴望权力和财富。有了财富的时候，就会有一种自由的感觉，然后我们就去追求快感。对权力的欲望似乎是一种本能，它表现在很多方面。它存在于牧师、古鲁、丈夫或妻子身上，或一个学生对另一个学生的行为中。这种对支配或屈从的渴望是人类的局限，它或许是从动物遗传而来的。这种侵略性和对它的屈从把生活中所有的关系都破坏了。这是有史以来就存在的模式。人类将它和它带来的所有冲突和痛苦作为一种自然的生活方式接受下来。

　　从根本上讲，它牵涉到度量——多或少，大或小——这本质上是比较。你总是拿自己和别人比较，拿一幅画和另一幅比较。在较大和较小的权力之间、怯懦和好斗之间也存在比较。这种对权力、地位和财富的不断度量几乎从一出生就开始了，并且持续终生，它在学校、学院和大学里受到鼓励。分数制度就是在赋予知识以比较的价值。当甲被拿来和聪明、漂亮、自信的乙比较，正是这个比较毁灭了甲。这种破坏表现为竞争、模仿和甲依循乙的模式，而这有意或无意地引起了敌对、妒忌、焦虑、甚至恐惧。这成了一种模式，让甲在他的余生中总是在心理上和身体上进行度量和比较。

　　这种比较是暴力的众多面目之一。"更多"这个词总是相比较而言的，和"更好"这个词一样。问题是，教育者能否在教学中抛开所有的比较、所有的度量？他能否按照学生本来的样子来对待他，而不是按照他应该的样子，不去基于相对的价值做出判断？只有在拿被认为聪明的人和被认为迟钝的人进行比较的时候，迟钝这样的品质才会存在。

　　笨蛋是出于比较，还是因为他缺乏从事某种活动的能力？是我们设置了基于度量的特定标准，那些没有达到标准的人被认为是有缺陷的。

当教育者把比较和度量撇在一边，他就会关心学生本来的样子，他和学生的关系就会是直接的、完全不同的。理解这点是很重要的。爱不是比较而来的，它没有度量。

比较和度量是智力的方式，它是分别性的。当你从根本上理解了这点，不是它的口头意义，而是它的真实意义，那么教师和学生的关系就会经历一个彻底的转变。度量的最终形式是考试，以及与之相伴随的恐惧与焦虑，它将深深地影响着学生的未来生活。在没有了竞争和比较时，学校的整个氛围就将完全不同。

27 | 价值观
明澈的生活，这不是一种价值观

培育价值观是人类的特点之一。从童年开始，我们就被鼓励要为自己设定一个根深蒂固的价值观。每个人都有自己长期的意向和目的。自然，一个人的价值观会和另一个人不同。这些价值观受到欲望或理智的培养。它们或者是虚幻的、舒适的、安慰性的，或者是实际的。很明显，这些价值观会助长人与人之间的分裂。某种价值观被认为是卑鄙还是高尚，这取决于一个人的偏见和目的。

不用具体列出各种类型的价值观，我们要问的是，为什么人类需要价值观？这样做后果又是什么？"价值"这个词最基本的含义是力量，它来源于"勇猛"这个词。力量不是一种价值，当它被当成软弱的对立面的时候它就变成了一种价值。力量——不是个性的力量，那是社会压力的结果——是明澈的精髓。清晰地思考是没有成见和偏见的，也就是没有扭曲的观察。力量或勇猛不是一件可以培养的东西，像你培育一株植物或一个新品种一样。它不是一个结果，结果都是有原因的，当需要原因的时候，那就意味着一种软弱。软弱的结果是抵抗或屈服。明澈没有原因，它不是一个效果或结果，它是对思想及思想的全部活动的纯粹的观察。这种明澈就是力量。

那么人类为什么会预设价值观呢？是要为每日的生活提供指引吗？

是要给自己一种目标感吗，没有它生活仿佛就不确定、不明确、没有方向？但是方向是由理智和欲望设定的，所以恰恰是这种方向导致了扭曲。这种扭曲因人而异，人们在混乱的海洋中紧紧抓住它们。你可以观察持有价值观的后果：它们把人和人分开并使他们相互对立。进一步地，他将导致痛苦、暴力，最终导致战争。

理想就是价值观，任何理想都是一套价值观——民族的、宗教的、集体的或个人的，你可以看到这些理想的后果发生在这个世界上。当你看到这些真相时，你的心就会摒弃所有的价值观。这样一颗心只有明澈。一颗依附或渴求经验的心是在追寻价值观的幻觉，并因而变得私有、秘密和分裂。

作为教育者，你能否向学生说明不抱持任何价值观的必要性，而是活在明澈之中，而那不是一种价值观？当教育者自身深刻地感受到它的真实的时候，这就是可能的。如果他没有感受到它，那么它就仅仅成了一种口头上的解释，没有任何深刻的意义。这一点不仅需要向年长的学生传达，也要向很年幼的学生传达。年长的学生已经被社会压力和父母的价值观严重地限制了，或者他们已经预设了自己的目标，那成了他们的监狱。对很年幼的学生来说，最重要的是帮助他们从心理上的压力和问题中解脱出来。很年幼的学生正在被灌输非常复杂的智力问题；他们的学习正在变得越来越机械；他们接收到越来越多的抽象信息；各种形式的知识被强加到他们的头脑中，这些从童年开始就限制了他们。

我们关心的是帮助这些年幼的孩子们解除心理上的问题，从恐惧、焦虑、残酷中解脱出来，并拥有关怀、慷慨和友爱。这比往他们心里装填知识重要得多。这不意味着小孩不该去学习阅读、写作等等，而是更强调心理上的自由，而非知识的获得，尽管那也是必要的。这种自由并不意味着让小孩做他想做的事，而是帮他理解他的反应和欲望的本质。

　　这需要教师具有相当的洞察力。毕竟，你想让学生成为一个完整的人，没有任何心理上的问题，否则他就会滥用任何学到的知识。我们的教育是生活在已知中，从而成了过去以及所有的传统、记忆、经验的奴隶。我们的生活总是从已知到已知，从来没有脱离已知的自由。如果一个人一直生活在已知当中，那么就没有什么东西是新鲜的、原始的、未被思想污染的。思想就是已知。如果我们的教育只是持续地积累已知，那么我们的理智和情感就会变得机械，而没有那属于未知的巨大活力。知识这种连续性的东西总是有限的，而有限的东西必定总是制造问题。连续性的终结，也就是时间的终结，就是永恒的绽放。

28 学习的中心
这些场所是为了人性的启迪而存在的

老师或教育者是人。他们的职责不仅是帮助学生学习这种或那种科目，而是帮他们去理解学习的全部活动——不仅要采集各类学科知识，更重要的是成为完整的人。这些学校不仅是学习的中心，它们还必须是善的中心，并培养出宗教的心灵。

全世界的人类都处在不同程度的退化当中。当快感，个人或集体的快感——性的快感、坚持个人意志的快感、兴奋的快感、自我利益的快感、权力和地位的快感，以及对满足自己快感的坚定要求——成为我们生活的主要兴趣时，就会产生退化。当人与人的关系变得冷漠，并建立在快感的基础上，就会产生退化。如果责任完全失去了意义，如果没有对他人、地球和海洋的关爱，这种对天地万物的漠视就是另一种形式的退化。当权力的高处充满了虚伪，当商业活动中充斥着欺诈，当谎言成了每天谈话的一部分，当存在着少数人的专横统治，当物质占据了支配地位，就会产生对整个生活的背叛，然后谋杀就成了生活中唯一的语言。当爱被快感取代，人类就切断了自己与生活的美和神圣的联系。

快感总是个人化的、孤立的过程。尽管你认为快感是某种可以通过满足和别人分享的东西，但它实际上是"自我"的一种封闭、孤立的活动。快感越多，"自我"就越受到强化。追求快感的时候，人们是在相互剥削。

当快感成为我们生活中占统治地位的东西，关系就会由于这个目的受到剥削，人和人之间真正的关系就不存在了。那么关系就变成了交易。寻求满足的冲动是建立在快感的基础上的，当快感被否定或没有得到表现的时候，就会有愤怒、讥讽、仇恨或冷酷。这种对快感持续不断的追求实际上是一种疯狂。

所有这一切都表明了人类的退化，不是吗？尽管他拥有大量的知识、非同寻常的能力、强劲的能量和积极的行动。这种蓄意的自我中心以及它的恐惧、快感和焦虑在全世界都是显而易见的。

那么，这些学校的完整责任是什么？无疑，它们需要成为学习一种生活方式的中心。这种生活方式不是建立在快感和自我中心的活动的基础上，而是建立在对正确的行动，对关系的深刻与美，和对宗教生活之神圣的理解上。当我们周围的世界是如此彻底的破坏性和没有意义时，这些学校和中心必须成为光明和智慧之地。实现这一点是这些地方的负责人的责任。

因为它的紧迫性，借口是毫无意义的。这些中心要么成为衰退之流中的磐石，要么在衰退中顺流而下。这些场所是为了人类的启迪而存在的。

29 人类的生存
分离的欲望是破坏的根源

在一个被社会动荡、人口爆炸、战争、可怕的暴力和冷酷无情威胁的世界上，每个人都会比以往更加关注自己的生存。生存意味着清醒而快乐地活着，没有巨大的紧张或压力。我们每个人都根据自己特定的观念来解释生存。理想主义者设计了一种不真实的生活方式；理论家们——不论是马克思主义者、宗教人士或任何其他特定信仰者——都制定了生存的模式；民族主义者认为只有在特定的团体或社会里才有可能生存。这些意识形态上的分歧、理想和信仰是分裂的根源，而分裂恰好在妨碍人类的生存。

人们根据自身狭隘的反应，根据当前的愉悦，根据某种信仰，根据某个宗教上的救主、先知或圣人，想以一种特定的方式来生存。所有这些都不能带来安全，它们之中只有分裂、排外、局限。希望根据某个传统来生存是没有意义的，无论这个传统是多么的古老或现代。任何局部的解决，无论是科学的、宗教的、政治的或经济的，都不再能够确保人类的生存。人一直在关心自己的生存，关心他的家庭、他的团体、他的部族。但是所有这些都是分裂性的，它实际上是在威胁他的实际生存。

现代的民族、肤色、文化和宗教上的分裂是导致人们对生存感到不确定的原因。在今日世界的混乱中，不确定使人们转向权威，转向政治、宗教或经济上的专家。专家必然是一种危险，因为他的回应一定永远都是片面的、有限的。人不再是单独的、分隔的；影响了少数人就影响了全人类。不存在对问题的逃避或回避。你不再能够从人类的整体困境中脱离。

我们已经陈述了问题和原因，现在我们必须找到解决的办法。这个办法一定不能出于任何一种压力——社会的、宗教的、经济的、政治的，或者来自任何的组织。如果我们只关心自己的生存，我们就不可能生存。今天，全世界所有的人都是相互关联的。发生在一个国家的事情会影响其他国家。人认为自己是与他人分离的个体，但是在心理上，一个人与整个人类是不可分割的。

不存在心理上的生存这个东西。当有生存或满足的欲望时，你就在心理上制造了一个情境，它不仅是一种分隔，而且是完全不真实的。心理上你无法和别人分离。心理上分离的欲望正是危险和破坏的根源。每个坚持自己的人都在威胁自身的生存。当这个事实被看到并理解的时候，人的责任就会经历一种根本性的改变，不仅是针对当前的环境，而且针对所有的生命。这种完全的责任就是慈悲。这种慈悲通过智慧来运作。这种智慧不是局部的、个别的、分别性的。慈悲从来不是局部的。慈悲属于所有生命的神圣。

30 │ 合 作
合作需要巨大的诚实

　　我们应该非常认真地考虑共同工作的能力，不仅是在这些学校里，而是作为人类，和自然、和地球上的生物，以及和其他的人共同工作。作为社会性的生物，我们却在为自身而存在。我们的法律、我们的政府、我们的宗教都在增强人类的分别性，多少世纪以来这已经发展成人和人的对抗。如果我们要继续生存的话，就需要有一种和天地万物、和海洋、和陆地上所有的事物合作的精神，这正在变得越来越重要。

　　你可以看到，分裂的破坏性后果正发生在所有的社会结构中：一个国家对另一个国家，一个团体对另一个团体，一个家庭对另一个家庭，一个人对另一个人。在宗教上、社交上和经济上都是一样。每一个人都在为自己、为他的阶级或他在团体中拥有特殊利益而奋斗。这种信仰、理想、结论和偏见的分歧正在阻碍合作精神的绽放。

　　我们是人类，不是排外而隔绝的部落成员。我们是困在结论、理论和信仰中的人类。我们是活着的生命体，不是标签。是我们的生活现实让我们通过损害他人去获得食物、衣服和庇护。我们的思考本身就是分裂的，而所有来自这个有限的思想的行动都必然会阻碍合作。

　　当今世界的经济和社会结构，包括组织化的宗教，都在加剧排外和分裂。这种合作的缺乏最终会导致战争和人类的毁灭。只有在危险和灾难当中我们才会聚在一起，而当它们结束的时候，我们又恢复了原来的样子。

我们似乎不能一起和谐地生活和工作。这个隔绝的、侵略性的过程，它的发生是因为我们的头脑吗？它是我们的思想和感觉中枢，自古以来就是如此受到制约，从而在寻求自身的生存。是因为这个隔绝的过程被等同于家庭、部落而变成了光荣的爱国主义吗？所有的隔绝不都跟认同与满足的需要相关吗？自我重要感难道不是通过发展

"我"和"你"，"我们"和"他们"的对立而培养的吗？所有的宗教不都在强调个人的拯救、个人的启迪、个人的成就吗？无论在宗教上还是在世俗上。让合作成为不可能的原因是不是我们给了才能、专业化、成就、成功如此的重要性，而它们都在强调分隔？还是因为人类的合作是集中在某种政府或宗教的权威上面，围绕着某些意识形态或结论，而那不可避免地会带来它自身具有破坏性的反面？

合作是什么意思——不是说这个词，而是那种精神？除非你内心是和谐的、完整的、不矛盾的，否则你就不可能和别人，和地球以及海洋合作。如果你自身处于紧张、压力、冲突之下，你就不能够合作。如果你关注自己，你的问题、你的野心，你怎么能够和万物合作呢？如果你所有的活动都是自我中心的，被自私自利以及自己隐秘的欲望和快感所占据，就不会有合作。只要智力及思想支配着你所有的行动，显然就不会有合作，因为思想是局部的、狭隘的、永远是分裂性的。合作需要巨大的诚实。

诚实没有目的。诚实不是某种理想，某种信念。诚实是清晰，对事实本身的清晰如实的感知。感知就是注意。正是那份注意将光明和它所

有的能量投注到被观察的事物上面。这种感知之光带来了被观察事物的转变。

你无法通过什么体系来学习合作，它不能被结构化，不能被归类。它本质上需要爱，而那个爱是不可度量的。因为当你比较时——比较是度量的实质，思想就进入了。哪里有思想，哪里就没有爱。

那么你能否将这些传达给学生呢？合作能不能存在于这些学校的教师中？这些学校是新一代人类的中心，他们应当拥有全新的视野，一种作为世界公民的新的感觉，他们应该关心这个世界上的所有生命。带来这种合作的精神是你的巨大责任。

31 | 智　慧
智慧的本质正是敏感性，也就是爱

　　智慧和智力上的能力是两种完全不同的东西。也许这两个词源于相同的词根，但是要弄清楚慈悲的完全意义，我们必须能够区分这二者的不同含义。智力是辨别、推理、想象、制造假象、清晰思考以及主观地、个人化地思考的能力。人们一般认为智力和情绪是不同的，但是我们使用"智力"这个词来表示人的整个思想能力。思想是记忆的反应，记忆是通过各种真实或想象的经验累积而成的，以知识的形式储存在大脑里。因此，智力的功能就是思考。思考无论如何都是有限的，当智力支配了我们外部和内心世界的活动，我们的行动就一定是局部的、不完全的。这会导致悔恨、焦虑和痛苦。

　　所有的理论和意识形态本身都是局部的，当科学家、技术专家和所谓的哲学家支配了我们的社会、我们的道德，因而支配我们日常生活的时候，我们就再也不去面对实际发生的事实了。这些东西歪曲了我们的感知和直接的了解。智力为错误或正确的行为寻找解释，它将粗暴、杀戮和战争合理化，它将善定义为恶的对立面。善是没有对立面的。如果善与恶是相关联的，那么善里面就有恶的种子，那它就不是善了。但是智力，由于它自身分裂的特性，无法理解美的完满。

　　智力和思想总是在比较、评价、竞争、模仿，所以我们变成了顺从的二手人。智力给人类带来了极大的利益，但是它也带来了巨大的破坏。它培养了战争的艺术，却无法消除人类之间的隔阂。焦虑是智力的组成部分，伤害也是，因为智力，也就是思想，制造了可以被伤害的形象。

当你了解了智力与思想的整个本质和内容，你就能够开始去探查智慧是什么了。智慧是感知整体的能力。智慧不会划分感受、感情和智力，而是将它们看成一个整体的运动。因为它的感知总是整体的，智慧不会划分人与人，不会让人对抗自然。因为智慧的本性就是整体的，它不可能去杀戮。

事实上几乎所有的宗教都说过不要杀生，但是他们从来没能阻止杀戮。某些宗教说过，地球上的东西，包括生命，都是为人类的使用而准备的，因此可以杀死和毁灭它们。为快感而杀，为贸易而杀，为国家主义而杀，为意识形态而杀，为信仰而杀，都被作为一种生活方式接受。我们在杀害陆地和海洋生命的时候，我们也在变得越来越孤立，我们在这种孤立中变得越来越贪婪，于是以各种方式去寻求快感。智力可以感知到这点，但是它却不能完整地行动。智慧和爱是分不开的，它从来不会杀戮。"不杀生"如果只是一个观念、一个理想，它就不是智慧。

当智慧在我们的日常生活中运作，它会告诉我们什么时候去合作，什么时候不去。智慧的本性正是敏感性，而这种敏感性就是爱。没有这种智慧，就不可能有慈悲。慈悲不是做慈善活动或社会改革，它是从多愁善感、浪漫主义和热情的情绪中解脱出来的。它和死亡一样强大。它就像一块巨石，屹立在困惑、苦恼和焦虑之中。没有这种慈悲，新的文化或社会就不可能出现。

慈悲和智慧是并行的，不是分开的。慈悲通过智慧运作，从来不通过智力运作。慈悲是完整生活的实质。

32 | 思想的运动
思想导致利用和毁坏

全世界的人都把智力当作日常生活中最重要的因素之一。古代印度人、埃及人和希腊人都认为智力是生命最重要的功能，甚至佛教徒也强调它的重要性。全世界的每一所学校，不论是在极权国家还是在所谓的民主国家里，智力都扮演了主导性的角色。

我们用智力这个词来表示理解、辨别、选择、权衡的能力，就像在所有的现代科技中那样。智力本质上不就是整个思想活动吗？思想支配着这个世界，既包括外在的生活，也包括内在的生活。思想创造了世上所有的神祇、仪式、教条和信仰。思想也创造了教堂、庙宇、清真寺，以及它们宏伟的建筑和各地的神坛。是思想导致了不断扩张的科学技术、战争和武器，把人们分裂成国家、阶级和种族。思想曾经，也许现在依然以上帝、和平、秩序的名义制造着残酷。它也在制造革命、恐怖分子、最高原则和实用主义的理想。我们靠思想生活，我们的行为建立在思想的基础上，我们的关系也建立在思想的基础上。因此智力在所有的时代都是被崇拜的。

但是思想并没有创造自然——天空和满布的星辰，地球和它所有的美丽，它的广阔海洋和绿色原野。思想没有创造树木，却用树木去建造房子，制作椅子。思想利用并毁坏。

思想不能创造爱、友善和美的品质，它编织了一张幻想和现实交织的网。当我们只靠思想及其所有的复杂、精微、目的和方向去生活的时候，我们就失去了生活真正的深度，因为思想是肤浅的。尽管它假装深入钻研，但这个工具本身无法超越自己的局限。它可以投射未来，但是那个未来是根植于过去的。思想创造的东西是实在的、真实的，就像一张桌子，就像你崇拜的形象。那个形象，那个你崇拜的符号和很多浪漫主义、理想主义、人道主义的幻象是思想制造的。人类接受并适应了思想的噪音——金钱、地位、身份，以及金钱带来的那种自由的奢侈。这就是思想和智力的全部活动，而我们在通过自己的生活这个狭隘窗口去看整个世界。

　　有什么活动是不属于智力和思想的吗？这一直是许多宗教、哲学和科学竭力去探询的东西。当我们使用"宗教"这个词的时候，我们不是指信仰、仪式、教条和等级结构这些胡扯的东西。我们用"宗教性的人"来表示那些把自己从许多世纪的宣传，从古代或现代的传统重负中解脱出来的人。沉溺于理论、概念和观念追逐的哲学家们不可能去探索思想狭隘窗口之外的东西，拥有异乎寻常的才能、独创性思考和渊博知识的科学家也一样。知识是记忆的库存，要探索超越知识的事物，就必须有免于已知的自由。为了能够那样，必须要有探询的自由，不带任何束缚，不执着于任何经验、结论以及人们强加给自己的各种东西。为了那个探索，智力必须绝对静止，没有一点思想的呢喃。

　　我们现在的教育建立在智力、思想和知识的培养上面，它们在我们日常行为的领域中是必要的，但在我们相互之间的心理关系中是没有位置的，因为思想的本质就是分裂和破坏性的。当思想支配了我们所有的活动和关系，它就会带来一个暴力、恐怖、冲突和痛苦的世界。

在这些学校中，思想的支配性是一个需要我们所有人充分关注的问题，包括年轻和年长的人。

33 | 认识你自己
你必须成为美好的，因为你就是未来

从这个新年开始，我们应该正确理解，我们主要关心的是生活的精神方面，尽管我们并不打算忽略身体的、生物性的方面。一个人的内在本质将最终导致一个美好的社会或人际关系的逐渐恶化。我们同时关心生活的两个方面，而不是让其中一个或另一个占主导地位，尽管精神方面，也就是说我们的内在方面，将决定我们的行为，以及我们和别人的关系。

我们似乎完全忽略了生活中更为深刻和广阔的真实，而将过多的重要性给予了身体和日常活动，不管它是否很重要。所以请记住，在这些信件中，我们是在从内在到外在地对待我们的生活，而不是相反。虽然大多数人都关心外在，我们的教育却必须致力于外在和内在之间的和谐。而我们的眼睛只盯着外在，这就不可能实现。

我们用"内在"这个词来表示思想的所有活动，我们合理或不合理的感觉，我们的想象、信仰、快乐或不快乐的执着，隐秘的欲望和它们之间的冲突，我们的经验、疑虑、暴力等等。隐藏的野心、头脑依附的幻象、宗教迷信、我们内心看似永无止境的冲突，这些都是我们心理结构的一部分。如果我们对其视而不见，或者把它们当作人类本性中的必然组成部分来接受，我们就认可了这个使我们成为囚犯的社会，因此理解这点是非常重要的。

全世界的每个学生都会看到周围混乱的影响，并希望逃进某种外在的秩序中，即使他内心或许极度混乱。他想要改变外在，却不想改变自己，而他正是混乱的根源和延续。这是一个事实，不是个人化的结论。因此我们在教育中关注的是改变混乱的根源和它的延续。是人创造了社会，而不是天堂里的某些神灵。

因此我们就从学生开始。"学生"这个词意味着研究、学习和行动。接受基本的教育不仅是向书本和老师学习，还要研究和学习你自己。如果你不去认识自己，而是让你的心充满各种关于宇宙的知识，那你就只是在接受混乱并且继续混乱。作为一个学生，你或许对此没有兴趣。你想要过得开心，追随自己的兴趣。你在各种压力下被迫学习，接受了那不可避免的比较与结果，眼睛盯着某种职业的目标。这是你基本的兴趣，它似乎是自然的，因为你的父母和祖父母都曾走过相同的道路——工作、婚姻、孩子、责任。一旦感到安全，你就很少关心周围正在发生的事情了。这是你和这个世界真实的关系——这个人类创造的世界。和整体相比，眼前的东西更加真实、重要和需要你。

但是你和教育者要关心的必须是理解人类的整体存在，不是部分，而是整体。部分仅仅是有关人类物质发现的知识。因此在这里，在这些信中，我们首先从你们——学生和正在帮助你们认识自己的教育者——开始。这是所有教育的功能。我们需要实现一个美好的社会，其中所有的人都能够快乐地生活，拥有和平与安全，没有暴力。作为学生，你对此是负有责任的。一个美好的社会不能通过某种理想，一位英雄或领袖，某个严谨规划的体系来实现。你必须成为美好的，因为你就是未来。你将决定这个世界是像现在这样适度改良，还是让你和别人都能够在其中慷慨而慈爱地生活，没有战争，没有残暴。

那么你会怎么做呢？你已经理解了这个问题，这并不困难，你会怎么做呢？你们大多数人天生善良、友好、乐于助人。当然，除非你们已经过于被压迫和扭曲，我不希望是这样。那么，你会怎么做呢？如果教育者是称职的，他会想去帮助你。那么问题是：你们会一起怎么做，来帮助你研究自己、学习自己，并且行动？这封信就写到这里，下一封信再继续。

34 | 友　爱
当你关心的时候，
每一种形式的暴力都会离你而去

　　继续我们在上一封信中未完成的内容。我们指出过，你有研究、学习和行动的责任。因为你还年轻，或许还很天真，习惯于兴奋和游戏，责任这个词对你来说似乎有点可怕，就像一个令人厌烦的负担。但我们现在用这个词表示对我们这个世界的关心和关注。在我们使用这个词的时候，如果学生没有表现出这种关心和注意，他们不应该有任何负罪感。毕竟，自觉对你们负有责任的家长——他们认为你应该学习，为将来的生活做准备——并没有感到内疚，尽管在你没达到他们的期望时他们会感到失望或不快。我们必须清楚地理解，当我们使用"责任"这个词的时候，不应有负罪的感觉。我们正在特别小心地使用这个词，以避免像"义务"这类词汇令人不快的沉重感。当这点被清楚理解的时候，我们就能够使用"责任"这个词，而不携带它传统的重负。

　　因此，你要怀着这种责任感在学校里研究、学习和行动。这是教育的主要目的。

　　我们在上一封信中曾提出这个问题：你会对自己，对你和世界的关系做些什么？我们说过，教育者、老师，对帮助学生了解自己也了解世界负有责任。我们向你提出这个问题以帮你发现你的反应是什么。它是一个你必须应对的挑战。你只能从自己开始去了解自己。与之相关的第一步是什么？难道不是友爱吗？也许你年轻的时候拥有这种品质，但是似乎很快就失去了它。这是为什么？是因为学习的压力，竞争的压力，试图在学习中达到某个位置的压力，拿自己和别人比较，或者被其他学生欺负？所有这些压力不都迫使你关注自己吗？而当你过于关注自己的时候，你必然会丧失友爱的品质。环境——周围的状况、你父母的压力、你自己顺从的愿望——如何逐渐把生活巨大的美狭隘化，变成了渺小的自我的圈子，理解这点是非常重要的。如果你在年轻的时候就失去了友爱的品质，心和头脑就会越来越坚硬。能够终生保持这种友爱不枯萎是罕见的。因此，它是你必须首先拥有的东西。

友爱意味着关心，对你正在做的无论什么事情的一种勤勉的关心——对你的言谈、服饰、吃东西的方式，你怎样照看自己身体的关心；对你的举止不带优越感或自卑感的关心；对你如何对待别人的关心。礼貌是对别人的体贴，这种体贴就是关心，无论它是对你的弟弟还是姐姐。当你关心的时候，每一种形式的暴力都会从你身上消失——你的愤怒、你的敌意和傲慢。这种关心意味着注意。注意就是看、观察、倾听、学习。你能够从书上学到很多东西，但是有一种学习，它极为清晰、迅速，没有任何愚昧。注意意味着敏感性，它为感知赋予了深度，而知识和它的愚昧却没有这种品质。你必须学习这些，不是从书上，而是在教师的帮助下学习观察周围的事物——这个世界上正在发生什么，同学身上正在发生什么，在穷困的村庄或贫民区肮脏的街道上艰难前行的人身上正在发生什么。

观察不是一种习惯。它不是一件你可以训练自己机械地做的事情。

它是包含兴趣、关心、敏感的新鲜视野。你无法训练自己成为敏感的。年轻时你的感知敏感而迅速，但是长大以后它就慢慢消失了。因此你必须研究自己，或许你的老师会帮助你。如果他不能帮你，那也没关系，因为研究自己，认清自己是谁，这是你的责任。在拥有友爱的时候，你的行为就会从它的纯粹中产生。这一切可能听上去很困难，但它并不是那样。我们忽视了生活中所有这些方面。我们太关注我们的职业、我们的快乐、我们自己的重要性了，以至于忽视了友爱那巨大的美。

有两个词你必须一直记住——"勤奋"和"懈怠"。我们勤奋地从书本和老师那里获取知识；我们花二十年或生命中更多的时间在它上面，而忽视了对自己生命更深意义的研究。我们既有外在也有内在。内在比外在需要更多的勤奋，这是一个急迫的要求。这种勤奋就在于对"你是什么样的"的热情研究中。

35 | 看清事实
人们活在与日常生活无关的思想和信念中

残忍是一种传染病，你必须严格防范它。一些学生似乎受到了这种特别的传染，会以某种方式逐渐支配别人。或许他们感到这非常有男子气概，因为他们的长辈经常在语言、态度、姿势和傲慢中表现出残忍。残忍存在于这个世界上。学生的责任——请记住我们通过"责任"这个词所表达的含义——就是避免任何形式的残忍。

许多年以前，有一次我被邀请到加州的一所学校演讲。在我进入学校的时候，一个十来岁的男孩带着一只被夹断腿的大鸟走过。我停下来，注视着他，什么都没有说。他的脸上显示出恐惧。当我结束演讲出来，这个男孩，一个陌生人，走过来，眼含泪水说："先生，那不会再发生了。"他担心我会告诉校长，而引起一场关于这件事的争吵。但是无论对男孩还是校长，关于这件残忍的事情，我什么都没有说。对自己做的这件可怕的事情的觉知，使他认识到这个行为的严重性。

觉知我们的活动是非常重要的。无论什么时候，只要有友爱，残忍在我们的生活中就没有位置。在西方国家，你会看到鸟儿被精心饲养，然后在狩猎季节为了取乐而被射杀并吃掉。狩猎、杀害小动物的残忍行为已经成了我们文明的一部分，就像战争、刑罚、恐怖和绑架一样。在我们亲密的私人关系中也存在着大量的残忍、愤怒和相互伤害。

对生存来说，世界已经成了一个危险的地方。在我们的学校里，必须完全避免任何形式的强迫、恐吓、愤怒，因为所有这些都让心灵和头脑变得僵硬，而友爱和残忍是不能共存的。任何形式的残忍不仅会让你的心灵僵硬，而且会扭曲你的思考，你的行为。你要知道，作为一个学生，认识到这一点是多么的重要。头脑和心灵一样，是个精密的仪器，既敏感又有能力，当残忍和压迫碰触到它时，就会导致自我的僵化。友爱、爱没有自我那样的中心。

那么，读过这些话，并且对它们有了相当的理解，你会做什么呢？你学习了前面说的东西，你正在领会这些话的内容。那么你的行动是什么呢？你的回应不仅是学习和领会，还要行动。我们大多数人都知道并且觉知到残忍的全部内容，以及它实际的影响，包括内在和外在。我们对此什么也没有做，我们的思想和行为是相反的。这不仅会导致大量的冲突，也会导致虚伪。大多数学生都不想成为虚伪的人，他们想看事实，但是他们不一定会行动。因此学生的责任是看到残忍的事实，去理解它的内涵，并且对它做些什么，而这不是因为任何的劝说和哄骗。做或许是更重要的责任。人们通常会容忍与如何处理日常生活毫不相关的想法和信念，这自然会变成虚伪。所以不要成为虚伪的人，这并不意味着你必须粗鲁、好斗或过分地批评。当你内心有友爱的时候，就必然会有不含虚伪的谦卑。

已经在学习、了解并且行动的教师，他对学生的责任是什么？残忍有多种形式：它能够存在于一瞥中、一个手势中、一个尖刻的评论中，特别是比较中。我们的教育制度是建立在比较之上的。我们说甲比乙好，因此乙必须符合或者模仿甲的样子，这本质上就是残忍，它最终表现在考试上。看到了这个真相，教育者的责任是什么？他将如何教授一门课程，而又不使用奖惩的手段，尽管他知道必须要对学生的能力有某种形式的报告？教师能这样做吗？它和友爱是相容的吗？如果友爱这个主要的事实在那里的话，还会有比较存在吗？教师能在自己内心消除比较的痛苦吗？我们的整个文明都建立在内在和外在的等级比较中，它否定了深刻的友爱。我们能否从我们的心中消除更好或更多，愚蠢的或聪明的，这整个的比较思维？如果教师了解比较的痛苦，那么在他的教学和行动当中，他的责任是什么呢？

　　真正了解了比较的痛苦，一个人就会从智慧中行动。

36 | 奖励和惩罚
基于奖惩的活动会导致冲突

在所有这些信中，我们一直都在指出，教育者和学生之间的合作是他们双方的责任。"合作"这个词意味着一同工作，但是如果我们不能将相同的眼睛和心灵投向相同的方向，我们就不能一同工作。

"相同"这个词，正如我们正在使用的，决不意味着没有差别、符合，或者接受、服从、模仿。在互相合作、一同工作当中，学生和教师需要一种本质上基于友爱的关系。在建造房屋的时候、玩游戏的时候、投身于科学研究的时候，或者为了理想、信仰或某种个人或集体利益而共同工作的时候，大多数人才会进行合作，或者他们会围绕一个宗教或政治权威来合作。

为了学习、了解和行动，教师和学生之间的合作是必要的。双方都参与其中。教育者或许懂得很多学科和事实，但是如果没有友爱的品质，向学生传达这些东西的过程就成了他们之间的斗争。我们不仅关心关于世界的知识，也关心对自身的认识，包括学习和行动。教育者和学生双方都投入其中，所以这里面没有权威。要了解自己，教育者既要关心自己也要关心学生。在这种相互合作以及对它的反应中，你开始看到自己的本性，那些思想、欲望、执着、认同等等。每个人都作为对方的镜子在起作用，每个人都在镜子中密切观察自己。因为正如我们早就指出过的，相对于收集事实，把它们以知识的形式储存起来以作为行动的技巧，心理上的自我了解要重要得多。内在总是战胜外在。这一点必须被教育者和学生清楚地理解。外在没有改变人类，外在的活动——现实中的革命，对环境的控制——并没有深刻地改变人类，改变他的偏见与迷信。在内心深处，人类依旧持续几千年以来的样子。正确的教育就是要转变这个基本的状况。当教育者真正领会了这一点，尽管他还要教授一些课程，他主要关注的一定会是"你"和"我"内在灵魂的彻底革命。

这就涉及正在学习、了解并行动的双方，他们之间合作的重要性了。它不是团队精神，或家族精神，或认同于一个团体或国家。它是对我们内心的自由探索，而没有知道者和不知道者之间的障碍，那是最具毁灭性的障碍，特别是在自知这件事情上。在这件事上既没有领导者也没有被领导者。当这一点被充满友爱地完全理解，学生和教师之间的交流就会变得容易、清晰，而不仅是语言层面上的。友爱不包含强迫，它从来都不是晦涩的，它是直接和简单的。

说过了所有这些，如果你们双方都在学习，你们的头脑和内心的品质是怎样的呢？有没有一种改变，不是因为被影响，或仅仅因为受到刺激——那可能会带给你一种改变的假象——而引起的改变？刺激就像毒品，它将逐渐消失，而你会回到原来的地方。任何形式的压力或影响都以同样的方式起作用。如果你在这些情况下行动，你就不是真地在学习和认识自己。基于奖励、惩罚、影响或压力的行动必然会带来冲突。事实就是如此，但是很少有人会看到这个事实，他们或者放弃，或者说在一个现实的世界上它是不可能的，它是理想化的、某种乌托邦的观念。但它不是，它是非常实际和可行的。所以不要被传统、保守的人或那些坚信"改变只能从外部到来"这个错误观念的人阻碍。

在你学习和了解自己的时候，会产生一种建立在明晰之上的不同寻常的力量，它能够抵挡一切当权者的胡言。这种力量不是一种抵抗，或自我中心的固执或意志，而是一种对外在和内在的勤奋的观察。它是友爱和智慧的力量。

37 | 交　流
交流就是相互学习

　　你来到这些学校里，带着自己传统的或自由的背景，有纪律或无纪律，服从或因不情愿而不服从，反抗或顺应。你的父母对你或严格或放任。一些人或许感到责任重大，另一些人或许没有感觉。你来到这里，带着所有这些麻烦，你有着破碎的家庭，犹豫或坚定，追求自己的方式，或者胆怯地默认而内心却在反抗。

　　在这些学校里你是自由的，你年轻生命的所有扰乱都开始活跃。你想要属于自己的方式，但是世界上没有人能够拥有自己的方式。你必须非常真切地理解这一点，你不可能拥有你自己的方式。要么你学会通过了解和理智去适应，要么你被新的环境制服。理解这一点是非常重要的。

　　在这些学校里，教育者会耐心地讲解，你能够和他们讨论、对话，看看为什么有些事情需要去做。当你生活在一个由教师和学生组成的小型团体中，你们之间有一种和睦、友爱的良好关系以及敏锐的相互理解是必要的。没有人喜欢规则，特别是在一个今天的自由社会中，但是当你和成年教师理解到，不只是在口头和理智上，而是用你们的心理解到——某些纪律是必需的，规则才会变得完全没有必要。"纪律"这个词已经被权威们破坏了。每一种职业都有它自身的纪律和技巧。"纪律"这个词来源于"弟子"，它的意思是学习。是学习，不是遵守，不是反抗，而是了解你自己的反应和背景，它们怎样限制了你，以及如何超越它们。

学习的实质是没有固定点的持续运动。如果这个点成了你的成见、你的看法和结论，而你从这个障碍出发，那么你就终止了学习。学习是无止境的，持续在学习的心超越了所有的知识。所以你是在这里学习和交流。

交流不只是语言的交换，无论他们的表述有多么清楚明白，它比那深入得多。交流就是相互学习，相互理解。而当你对某些琐碎的或没完全想清楚的行动采取了一个确定立场的时候，交流就终止了。当你年轻的时候，你会有一种去适应的冲动，以便不脱离你的环境。了解适应的本质和内涵会带来它自己特有的纪律。请记住，当我们使用"纪律"这个词的时候，学生和教育者双方都处在一种学习的关系中，而不是坚持和接受。当这一点被清楚地理解，规则就变得不必要了。当这点还不清楚，那么规则不得不被制定。你或许会反抗规则，反抗别人要求你做什么或不做什么，但是当你很快理解了学习的本质，规则就会全部消失。是那些顽固的、自我坚持的人带来了规则——你应该如何，你不应该如何。

学习不是出于好奇。你或许对性好奇，那种好奇是基于快感，基于某种兴奋，基于别人的态度，这也适用于饮酒、吸毒和抽烟。而学习要远为深入和广阔。你学习宇宙万物并不是因为快感或好奇，而是因为你和世界的关系。我们根据社会的需要或个人的爱好，将学习划分为不同的种类。我们不是在谈学习什么，而是那种乐于学习的内心品质。你可能会学习如何成为一个好木匠、一个好园丁或一个好工程师，当你熟练掌握了这些技术，你就使自己的心狭隘化，成了一个能够以某种模式娴熟运作的工具。这就是通常所说的学习，它提供了某种经济上的安全，也许那就是你想要的一切，所以我们创造了一个满足我们需求的社会。但是有了这种特别的学习品质——它并不是强调要学什么，那么你就拥有了这样的一个头脑和这样的一颗心——它拥有无限的活力。

　　纪律不是控制或征服。学习意味着注意，也就是勤奋。懈怠的心从来不会学习，如果它是肤浅、冷漠和平庸的，它只是在强迫自己接受。一颗勤奋的心是在活跃地注视、观察，它永远不会陷入二手的价值和信仰。一颗处在学习之中的心是一颗自由的心，而自由需要学习的责任。陷入自身观点，固守某种知识的心或许会要求自由，但是这个自由的意思是表达自己个人化的态度和结论——当它受到阻挠的时候，它就会迫切要求满足自己。自由没有满足的感觉，它是自由的。因此当你来到这些学校，或者去任何学校的时候，都需要这种柔和的学习品质，并带着一种巨大的热情。当你拥有了真实的、深刻的友爱，你就是在学习。

38 | 教育自己
要了解我们的形象需要自我觉知

　　每一种职业都有它的纪律，每一个行动都有它的方向，每一个想法都有它的目的，这就是人类心灵陷入的循环。作为已知的奴隶，这颗心总是试图在已知的领域中扩展知识、行动和思考，去追求自己的目的。所有学校都把纪律作为一套思想和行动的框架，而最近几年出现了对于任何控制、约束或节制的反叛，这导致了各种形式的放纵、无度，和对快感不顾一切的追逐。没有人尊重别人，似乎所有的人格尊严和人格的深刻健全都丧失了。数十亿元被花在毒品上，花在破坏身体和心灵上。这种完全的放任已经成了被尊重和认可的生活模式。

　　为了培养一颗善良的心，一颗能够将全部生活作为一个整体来感知的心，一颗完整的因此是善良的心，我们所有的学校必须要有某种纪律。我们必须共同来理解"纪律"和"规则"这两个受到厌恶或鄙视的词。

　　要学习，你就需要有注意力。不光要用耳朵听，还需要一种对那些话的内在领会。要学习，观察是必需的。当你听到或读到这些陈述的时候，你必须专心致志，那不是因为受到强迫，或任何压力，或对回报的期望。纪律意味着学习，而不是顺从。如果你想成为一个好木匠，你必须学会使用正确的工具去处理不同种类的木材，并向一位熟练的木匠学习。如果你想成为一个好医生，你必须学习很多年，了解身体的所有事实，它的很多机制以及治疗方法，等等。每一种职业都需要你尽可能了解更多。这种了解就是积累关于它的知识，并尽你所能地熟练运用。

纪律的本质是学习。学习一个人为什么要按时吃饭，为什么要在适当的时间休息等等，就是学习生活的秩序。在一个混乱的世界中，有很多政治的、社会的甚至宗教上的困惑，我们的学校必须成为有秩序的培养智慧的地方。学校是一个神圣的地方，所有人在那里学习生活的复杂性和简单性。

因此学习需要专心和秩序。纪律绝不是服从，因此不必担忧或反对这个词。文字在我们的生活中已经变得非常重要了。"上帝"这个词对大多数人来说变得格外重要，或者"国家"这个词，或者某个政治家的名字，它是政治家的形象。上帝的形象已经被思想和恐惧构建了数千年。我们就生活在头脑或灵巧的手制造的形象中。要学习这些你接受或自己建立的形象，需要自我觉知。

教育不只是在学习学术课程，也是在教育你自己。

39 | 效 率
效率本身不是一个目标

　　学校是一个学习的场所，因而它是神圣的。寺庙、教堂和清真寺不是神圣的，因为它们已经停止了学习。它们相信自己拥有信仰，而那完全否定了学习这门伟大的艺术。学校，就像这些信件所写给的这些学校，必须完全致力于学习，不仅要了解我们身边的世界，最主要的，还要了解我们人类是什么，我们为什么会有这样的行为和复杂的思想。

　　学习是人类的古老传统，不仅是学习书本，也学习人类精神的本质和结构。因为我们忽视了这点，于是世界变得混乱，恐怖、暴力和所有残忍的事情都在发生。我们把世界上的事看成首要的，而不是我们的内在。如果内在不被了解、教育和改变，它就会一直战胜外在，无论外在的政治、经济和社会方面组织得多么好。这是一个被很多人遗忘的事实。我们总是试图在政治、法律和社会等方面为我们所处的外在世界带来秩序，而内在我们是困惑的、不确定的、焦虑的和冲突的。没有内在的秩序，对人类生活的威胁就会一直存在。

　　我们所说的秩序是什么意思？在最高的意义上，宇宙并不存在混乱。大自然，无论对人类来说有多可怕，总是有秩序的。只有在受到人类干预的时候，它才会变得混乱。似乎只有人类自有史以来就处于不断的斗争和冲突之中。宇宙有它自身的时间运动。只有当人让自己的生活变得有秩序时，他才会了解永恒的秩序。

为什么人类会接受和容忍混乱？为什么无论人类一旦碰触什么，那里就会变得腐朽、堕落和混乱？为什么人类会拒绝自然的秩序，风、云、动物与河流？我们必须了解什么是混乱，什么是秩序。混乱本质上是冲突、自相矛盾，以及"成为"和"存在"之间的分裂。秩序是一种从未存在混乱的状态。

混乱是被时间束缚的。时间对我们来说非常重要。我们活在过去里面，活在过去的记忆、过去的伤害和满足中。我们的思想就是过去，它总是在修正自己，作为对现在的一种反应，然后把自己投射到未来，但是根深蒂固的过去总是伴随着我们。这是时间的约束性品质。我们必须在内心观察这个事实，并且意识到它的限制作用。受限的东西必定总是处于冲突中。

过去是来自经验、行为和心理反应的知识。这种知识，你也许意识到了，也许没意识到，这正是人类生活的本质。因此过去变得极为重要，无论是传统、经验，还是伴随着很多形象的记忆。但是所有的知识，不管是将来的还是过去的，都是有限的。不可能存在完整的知识，知识和无知是并存的。

在学习这些的过程中，这种学习本身就是秩序。秩序不是某种计划好的和要去遵循的东西。在一所学校中，规则是必要的，但这不是秩序。一台装配良好的机器可以有效率地运转。对学校来说，有效率的组织机构是完全必要的，但是这种效率本身不是一个目标，它与从冲突中解脱出来（也就是秩序）是两回事。

如果一个教育者深入地学习了所有这些，他将如何向学生传达秩序的本质呢？如果他的内在生活是混乱的，他却谈论秩序，那么他就是一个伪善的人，这本质上是一个冲突。不仅如此，学生也会认识到，他说的那些话根本不知所云，因而完全不会予以重视。而当教育者对他的理解毫不动摇时，学生就会捕捉到那种品质。如果一个人是完全诚实的，那个诚实本身就会被传递给另一个人。

40 | 共同思考
自由是共同思考的本质

我认为学习共同思考的艺术是很重要的。科学家和最没受过教育的人都会思考，他们会依据自己的职业、专业、信仰和经验来思考。我们都会思考，或者客观，或者依据自己特殊的倾向，但是我们似乎从来不会共同思考、共同观察。我们或许会思考一个特殊的问题或经验，但是这种思考并没有超越它自身的局限。共同思考，不是关于一个特定的主题的思考，而是拥有共同思考的能力，这是完全不同的。在你面对世界上正在发生的重大危机、危险、恐怖，以及战争的极度残暴时，共同思考是必需的。观察这一点，不是作为一个资本主义者或社会主义者，从极左或极右出发，而是共同去观察它。这不仅需要理解我们如何造成了现在这种腐朽的状态，还要共同去发现摆脱它的方法。商人或政治家会从一个有限的观点来看待这个问题，但是我们要说的是，我们必须作为一个共同体来看待生活，而不是作为英国人、法国人或中国人。

什么是"作为一个共同体来看待生活"？它的意思是观察人类——我们自己，不带任何国家的分别，把生活看作一个统一的运动，没有开始，没有结束，没有时间，没有死亡。要理解这点是一件困难的事情，因为我们总是考虑局部，而非整体。我们划分，并希望从局部去理解整体。

共同思考的艺术需要被仔细地研究和检查，让我们来看看它究竟有没有可能。每个人都依据自己特定的反应、经验、成见而固守自己的思维方式。我们就是这样被局限的，它阻碍了我们共同思考的能力。共同思考并不是指我们的想法完全一样。我们的心能够对于一个理想，一个历史定论，或某个哲学观念达成共识，并且为它去工作，但这根本上是基于权威。自由是共同思考的本质。你必须摆脱你的观念、偏见等等，而我也必须是自由的，然后我们在这种自由中走到一起。它意味着丢掉我们所有的局限。它表示不带任何过去地完全地注意。当前世界的危机要求我们完全抛弃那已经被我们美化为爱国主义的部落本能。共同思考意味着我们要完全抛弃自私自利，以及将自己认同为英国人、阿拉伯人、俄国人等等的思想。

面对这种自私性质的分裂所导致的危险，你该做什么呢？因为一种经济或政治权力要凌驾于另一种之上，或因为一两个偏执的、神经质的领导，产生扩张活动由此产生。面对这些，你该做什么呢？你或者置之不理、漠不关心，或者加入某种政治活动，或者到宗教团体中寻求庇护——因为你无法逃避它，它就在那儿。

我该怎么做呢？我舍弃了现有社会结构的模式，舍弃了荒谬的非宗教道路。我舍弃所有那些，于是我完全孤立了。然而这种孤立不是逃进某种形式的象牙塔或某种浪漫的幻觉中，因为我在对自我利益的追逐中，在爱国主义中，在对外扩张中，在非宗教性的生活中，看到了徒劳和分裂，我于是舍弃了这个社会的全部破坏性。我因此而独立了。

由于我在心理上不再助长人类的破坏意识，我就进入了善、慈悲和智慧之流了。这份智慧在行动，在应对当今世界的疯狂。这份智慧也会在任何存在丑陋的地方行动。

41 | 注　意
觉知会带来内心的微细和清晰

我们应该共同考虑，我们要用"注意"这个词表达什么意思。大多数人都知道什么是专心，从童年起我们就被迫专心做某些事情，但那通常是我们不喜欢的。因为我们被迫做不喜欢的事情，所以导致产生逆反。教育已成了一个漏斗，将很多课程灌进我们的大脑，让我们习惯于顺从。全世界有数百万接受教育却找不到工作的人。我们所处的社会模式已变得如此异常和危险，因此我们必须找到一种新的共同生活的方式。这需要敏感性，以及进行非常客观的观察和思考。我怀疑，专心——这种感知的狭隘化——是否会导致产生一种不一样的内心品质。

你为什么要接受教育？你打算成为一个什么样的人？最高的政治体制到最高的宗教机构都盛行平庸。你受教育是要适应这样的模式吗？你打算成为一个没有任何热情，和自己也和世界冲突的平庸的人吗？这真是一个你必须问自己的严肃问题。全神贯注、积极进取、争强好胜的人类能为我们的生活带来一种不同的秩序吗？

我们说过，我们应该考虑"注意"是什么意思，这或许是对一种和谐生活的提示。事实上，智力，大脑的全部活动，也就是思想，支配着我们的生活。这造成了我们内心的冲突和异常的行为。当我们整个存在的一部分占据了支配地位，它必然会导致神经质的行为。"注意"就是对这种智力的支配性的觉知，而不是依照本能的冲动去控制它，或者允许情绪来替代它。这种觉知会带来内心的微细和清晰。

专注和注意是不同的。专注是把你的全部能量集中于一个特定的焦点，而注意中是没有焦点的。我们对其中一个非常熟悉，对另外一个则不熟悉。当你注意你的身体时，身体会变得安静，它有它自身的纪律，轻松而不懈怠，有着和谐的能量。注意的时候没有矛盾，因而也没有冲突。

在你读这些的时候，注意你坐的方式，你听的方式，你是否接受这封信正在对你说的内容，你对这些话是如何反应的，你会发现为什么注意是困难的。如果你并不是在学习如何注意，你是在学习如何注意的"方法"，那么它就成了一个体系，成为大脑习惯的东西，那样你就会制造某种机械的和重复的注意。但是注意不应是机械或重复，它应是这样一种方式——没有自我中心地看你所有的生活。

42 | 家庭与社会
生活是一种只有偶尔快乐的痛苦过程吗？

无论是年轻还是年老，每个人的未来似乎都凄凉、恐怖。社会已经变得危险和完全败坏。年轻人在面对世界时，会对生活中将要遇到的事情感到恐惧。父母把他送进学校，有钱的话还会把他送进大学，希望他能够安定地工作、结婚、生育，等等。在东方社会的家庭中，父母在孩子的生活中扮演着十分重要的角色。家庭单位依然存在，尽管年轻人可以在世界各地谋生，家庭仍是他们生活的中心。这在西方正迅速消失。在世界上的很多地方，父母只在孩子身上花很少的时间。在孩子出生几年之后，父母就离开了，和孩子的联系非常少。他们担忧的是自己的问题、野心等等，而让孩子任凭教育者摆布——但教育者自身也需要教育。教育者们或许在学术上是优秀的，因此他们也希望学生要获得最高的学分，学校要拥有最好的名誉。但是教育者也有他们需要面对的问题，除在少数国家之外，他们的薪水很低，在社会上也不是很受尊重。

那些正在接受教育的人，正在与他们的父母、教师和同学的关系中在经历着相当的困难。奋斗、焦虑、恐惧和竞争的潮流已席卷而来，他们不得不面对这样一个世界：人口过剩、营养不良、战争、不断增长的恐怖主义、无效的政府、腐败、被贫困威胁。这种威胁在富裕的、组织良好的社会里不那么明显，但是它经常会出现在那些极度贫困、人口过剩、统治者无能而懈怠的地区。这就是年轻人不得不面对的世界，他们当然会非常害怕。他们以为自己将会是自由的，不受常规约束，不被年长者支配；他们躲避所有的权威。对他们来说，自由意味着选择自己要做什么。但是他们困惑而犹豫，总想让别人告诉他们应该做什么。学生渴望自由地做自己想做的事，而社会要求他顺应规律，成为工程师、科学家、军人、或某种类型的专家，这使他陷入两难。学生不得不面对这样的世界，并且通过受教育成了它的一部分。这是一个可怕的世界。我们都想要生理上和情感上的安全，而拥有安全正在变得越来越困难和费力。

因此，如果我们老一代人真正关心孩子，我们必须要问，教育是什么。如果教育——从当前普遍的状况看，就是为了让孩子一生都活在无休止的斗争、冲突和恐惧中，那么我们必须要问，这一切有什么意义？生活是一个痛苦、焦虑和流泪的过程，偶尔才会闪现喜悦和幸福吗？不幸的是，我们老一代人不问这些问题，教育者也不问。因此教育事实上是一个面对枯燥、狭隘和无意义的生活的过程。但是我们想让生活有意义。生活本身似乎没有意义，但是我们想要赋予它意义，所以我们发明了神祇，各种形式的宗教和其他的娱乐，包括爱国主义和互相残杀的方法，只是为了逃避我们单调乏味的生活。这就是老一代人的生活，也将是年轻人未来的生活。

作为家长和教育者，我们必须面对这个事实，而不是逃进理论中寻找更先进的教育机制。如果我们内心对正在面临的事实不清楚，我们必然会有意无意地变得无所作为，不知道该做什么。有一千个人会告诉我们应该做什么，包括专家和有奇思怪想的人们。我们总想在理解问题的巨大复杂性之前就对它做些什么。我们更重视行动，而不是去看整个的问题。

　　真正的问题是内心的品质——不是它拥有的知识，而是拥有知识的心灵的深度。心是无限的，它是宇宙的本质，有它自身的秩序和浩瀚的能量。心永远是自由的。大脑，就现状来看，是知识的奴隶，因此是有限的、受限的、破碎的。当大脑从它的局限中解脱出来，它就成了无限的。只有在那时，心和大脑之间才没有界限。因此教育就应是让人从局限中解脱出来，从大量累积的传统知识中解脱出来。这并不是否认知识科目的价值，它在生活中有自己适当的位置。

43 | 生活的浩瀚
天空，大地和人类生存的运动是不可分割的

我们说过，教育绝不能只在学术上发挥作用，还必须探索人类行为的局限。这些行为是许许多多世纪以来的恐惧、焦虑、冲突，以及内在和外在、生理上和心理上寻求安全感的结果。大脑被这些过程限制了。大脑是进化，即时间的结果。我们是过去累积的结果，无论是在宗教上还是在日常生活中。它是建立在奖惩基础上的，就像动物一样，如同一只狗被训练一样。

我们的大脑是一台非同寻常的仪器，它拥有巨大的能量与能力。看看它在外部世界，在我们周围的世界所做的事情。它把世界分成各种不同的种族、宗教和国家，这样做是为了获得安全感。它在宗教、政治和经济的孤立中，在家庭和小的社区与团体中寻求安全感，它在组织、机构中寻求这种保护性反应。

国家主义已经成了战争的主要原因之一。我们的政治家致力于维护经济上的国家主义，因此使我们孤立。有孤立的地方就一定有敌对、攻击、与其他国家基于贸易的友好关系、武器交换、力量平衡、将权力维持在少数人手里。这就是我们的政府，无论是极权的还是民主的。我们试图通过政治活动带来社会的秩序，因此我们变得依赖政治家。为什么政治家变得格外重要，就像古鲁和宗教领袖一样？是不是因为我们总是依靠外在的力量来让我们的生活有秩序，总是依靠外部力量来控制和决定我们的生活？政府、父母和各种形式的领导者，这些外在的权威似乎给了我们今后的某种希望。这是我们依赖与接受的传统的一部分。这是长久累积的传统，它限制了我们的大脑。教育认同了这种传统，因此大脑变得机械和重复。

了解过去累积的巨大能量，而不否定它在我们生活中某些方面的必要性，这难道不是教育者的职责吗？作为教育者，难道我们应该对于人类在善中绽放漠不关心吗？但只要过去还在继续，无论它如何被改进，这种绽放就是不可能的。

那么我们的局限的要素是什么呢？正被局限的是什么，造成局限的又是谁？当我们问这些问题时，我们能觉知到我们实际的局限吗？如果是出于那个觉知来问这些问题，那它就会有巨大的活力；还是说我们在问一个理论性的问题？我们不关心任何假设性的问题，我们是在面对现实，真实存在的"事实"。我们在问，这种人类状况的原因是什么？可能有一个原因或者很多原因。许多条小溪可以汇聚成一条大河，探求它的深沉、广阔和美才是重要的，而不必追踪每一条小溪直到源头。因此，我们关心的是对我们生命整体的探究，而不是它的某个部分。只有在我们了解生活的巨大和复杂时，我们才能问我们局限的原因是什么。

我觉得，重要的是首先要理解，不是口头上或理智上理解，而是察觉到生活就是女人、男人、孩子、动物、河流、天空和森林——所有这一切，感受它。不是关于它的观念，而是看到它的巨大和美。如果我们不能领略它的意义——生活的所有广阔运动是一体的——这时我们去问让我们受限的原因是什么，就会导致生活的分裂。因此，首先让我们了解天空、大地，以及人类生存的运动是不可分割的，在这之后再进入具体问题。当天空、大地、人类被看作一个巨大的整体性的过程，那么对我们局限的原因的调查就不再是破碎的和分裂的，那么我们就能够问，那个原因是什么。那样，问题才拥有深度和美。要发现局限的原因，我们必须共同探究它的本质和结构。在生物性、器质性方面，遗传下来的东西有它的自然智慧、它的自我保护机制。除此以外，还存在一个人的整个心理领域、内心的反应、内心的伤害、恐惧、矛盾、欲望的驱动、短暂的满足和伤痛的重负。这个内心，当它混乱、困惑、杂乱，自然会影响生物性的存在，因此疾病是受心理影响的。难道我们不关心对自己内在本质的探索吗？——它是非常复杂的。这种研究是真正的自我教育，不是改变事实，而是理解它。去领会它并与之共处是非常重要的。"事实"远比"应该"重要得多，理解我们实际的样子远比超越我们自己重要得多。我们是我们意识的内容，我们的意识是一个复杂的东西，但它的本质是运动。我们不是在谈论理论、假设、理想，而是我们自己实际的每日生活，这一点必须被清楚地理解。

44 | 觉 知
注意包含着巨大的能量

就像我们曾经指出的，作为教育者，作为人，我们深深地关注着日常生活。我们首先是人，然后才是教育者，而不是相反。因为教师是一个以教育为专门职业的人，他的生活不仅仅在课堂上，而且还牵涉整个外部世界，也牵涉内心的斗争、野心和关系。他和学生一样受到制约。尽管他们受到的制约可能不同，但那仍然是制约。如果你将它作为必然来接受并受其约束，那么你就在进一步制约别人。有很多人接受了它，并试图部分修正他们的制约。但作为教育者，难道你不关注造就一个不同的社会，造就未来的一代？他们了解战争作为一种有组织谋杀的无益，他们关心没有国家主义隔绝的全球性的关系，他们关注真理。这无疑是一个真正教育者的职责。

人的意识是受制约的，任何能够思考的人都会接受这个事实，但是我们很多人却意识不到这点，大概教育者也是如此。教师的职责之一就是觉知他的制约，并探究是否可能从制约中解脱出来。因此我们必须研究什么是"觉知""专心""全然的注意"，理解它们的含义是非常重要的。

觉知意味着敏感：对你周围的河流、山岗和树木敏感；觉知走在路上的穷人，对他的感受、反应以及他糟糕而丧失尊严的贫困敏感；对坐在你身边的人，对你朋友或姐妹的不安敏感。在这种敏感中没有选择，它不批评，也没有评判。

你对一朵云敏感，但对它你什么也不能做。这种敏感是时间和练习的结果吗？如果你允许思想和练习，那么这个思想和练习就破坏了敏感性。学习敏感地观察，学习敏感意味着什么，去捕捉它而不是培养它。不要问如何捕捉它——抓住它。正是在感知中，你是敏感的。敏感之中没有抵抗，敏感针对那立即的和无限的。

专心是一个抵抗的过程，每个教育者都知道专心意味着什么。教育者关注将各门知识塞进学生头脑里，以使学生能通过考试并找到工作。学生心里也这么想，教育者和学生在专心这种抵抗的形式当中互相激励。因此，你是在培养抵抗、排斥的能力，于是你就会逐渐变得孤立。专心是将一个人的精力集中在黑板上或书上，并避免分心。

"分心"这个词恰恰意味着专心。实际上不存在分心，只有那个被叫作专心的抵抗，任何从它的转移都被看作是分心。因此这里面有冲突、挣扎和抵抗。这种抵抗必然会带来头脑的限制，那就是我们的制约。带着敏感去觉知这整个的活动，就意味着进入一个不同的领域，那就是注意。

什么是注意？如果我们真地理解了"敏感""觉知""专心的局限"的意义，不是理智上或口头上理解，而是处于这种真实状态，那么我们就能够问"什么是注意"。注意涉及看和听。我们不仅用耳朵听，也要对语气、嗓音、词汇隐含的意思保持敏感，不带干扰地去听，立即捕获声音的深度。声音在我们的生活中扮演着特别的角色：雷声，远处的笛声，宇宙间那听不到的声音，寂静的声音，你自己心跳的声音，鸟儿或瀑布的声音，一个人走在街上的声音。宇宙中充满着声音，这声音有它自己的寂静，所有的生命都与这种寂静的声音有关。注意就是去倾听这个寂静，并随之运动。

看，是一件非常复杂的事情。你只是用眼睛随意地看，并迅速略过，从来不去看一片叶子的细节，它的形状和结构，它的颜色，各种不同的绿色。去观察一朵云——它带着世界上所有的光线；注视一条流下山坡的潺潺小溪；带着敏感，并毫无抵抗地看着你的朋友；如实地看你自己，没有否定的阴影或随便的认同；将自己作为整体的一部分去看自己；去看宇宙的浩瀚，这就是观察——看，而不带着自我的阴影。

注意就是这样的听和看，这种注意没有抵抗，因此是无限的。注意包含巨大的能量，它不被固定在任何一点。这样的注意中没有重复的活动，它不是机械的。不存在如何保持这个注意的问题，当你学会了看和听的艺术，这种注意就能够集中在一页纸、一个字上。这里面没有抵抗，抵抗是"专心"的活动。

涣散无法被改进为注意。觉知到涣散就是涣散的终止，而不是涣散变成了注意。这个终止没有持续性。过去修正它自己然后变成了未来，这是一种过去的延续。我们在持续性里而不是在终止中寻求安全感。因此注意没有持续的品质，任何持续的东西都是机械的。

"成为"是机械的，它意味着时间。注意没有时间的品质。所有这一切都是极为复杂的问题，你需要柔和并深入地研究它。

45 | 教 师
教师与人类的绽放息息相关

我们似乎认为,当我们离开学校的时候教育就停止了。我们似乎不把整个人生当作一个持续的、永无止境的自我教育过程来看待。我们大多数人把教育限定在一个非常短暂的时期,而在生命的其余阶段则在糊涂中度过,只学习很少一点绝对必要的东西,并陷入例行公事当中——当然了,死亡一直在等待着你。这些就是我们真正的生活:婚姻、孩子、工作,短暂的满足、痛苦和死亡。如果这些就是我们的全部生活,看上去似乎就是如此,那么教育的真正意义是什么呢?

我们从来不问这些基本的问题,或许它们太令人不安了。但因为我们是学校教师,我们必须要问,教育和学习的目的是什么。我们知道,它是为了让我们为某种职业或责任做准备,但除了这种准备之外,我们还打算通过教学做些什么呢?教师又是什么呢?按照一般的理解,教师学习了某些科目,再把它们教授给学生。仅仅传递知识就能成为教师吗?我们是在探究教育者和被教育者的本质。教师是谁?除了遵守课程安排之外,教学还意味着什么?有奉献精神的教师非常少,他们致力于帮助学生学习,但是教师应该具有比那更为重要的意义。

知识必然是肤浅的,它是对记忆的培养和有效运用,等等。既然知识总是有限的,教师的职责就是帮助学生在有限的知识中度过他的整个人生吗？我们必须首先认识到，知识和所有的经验一样总是有限的。这种对有限知识的运用可能是极具破坏性的。它会破坏人与人之间的关系。在关系中，知识——它是各种事件、经验、反应的累积——培植了对别人的形象，模糊了真实的人和关系。当存在连续性，一个由知识所制造并代代相传的传统时，过去（知识的积累）就使得实际的、活生生的现在变得模糊不清。当知识变得习以为常和机械，它就会使头脑局限、僵化和迟钝。当知识通过战争被用来支持民族主义的时候，它就变得野蛮、骇人地残忍和彻底的邪恶。知识并不是美，但对钻井来说，知识是必要的。整个技术世界都建立在知识的基础上，那个世界正在主导我们的生命。如果我们把知识当作唯一的权威，并希望通过知识获得进步，那么我们就活在致命的幻觉中了。我们要说的是，知识在日常生活中有它的位置，但是如果知识成了生活中唯一重要的东西，那么我们的生活必定会被限制在机械的活动中。

教师的唯一职责就是交流知识吗——传递信息、思想、理论，通过对理论的多方探讨来阐述它们？这就是教师的唯一职责？如果这就是教师关注的一切，那么他就只是一台活的计算机。教师一定拥有比这远为重大的责任。他必须关心品行，关心人类行为的复杂性，关心一种生活方式——善的绽放。他必须关心自己学生的未来，以及这些学生的未来会是怎样的。人类的未来会是怎样的？我们的意识是如此的困惑、不安、凌乱、充满冲突，它的未来会是怎样的？我们必须永远生活在冲突、悲伤和痛苦中吗？如果教师不和学生交流这些问题，他就只是一台活的、精致的机器——在通过别的机器延续。

因此，我们是在问一个非常根本的问题：教师是什么？教育是世界上最伟大的职业，尽管是最不受尊重的，因为如果教师拥有深刻而真切的关怀，他就是在解除人们头脑的局限——不仅是他自己的头脑，还有学生的头脑。他是受限的，学生也是受限的，无论他是否承认，那都是一个事实。在他们的关系中，他是在帮助学生和自己从意识的局限中解脱出来。

关系是一个学习的过程。它不是静止的东西，而是鲜活的运动，因此从来都不是相同的，昨天的它不是今天的它。当昨天在支配着关系，那么关系就是陈旧的，而不是一个活的东西。爱不是陈旧的。当教师和学生的关系具有这样的要素：友好、不相互限制、谦逊，它就自然会展现敏感和友爱。

教师也许会说，当学校当局要求把五十个学生编成一个班，并实行各种愚蠢措施的时候，这一切都是不可能的。那教师能做什么呢？显然，在这种情况下他什么也做不了。但我们说的是不存在这种情况的学校，在那里教师能够建立这样的关系，在那里他在深深地关注着人类的绽放。

46 | 柔 弱
没有了以自我为中心，就会有非同寻常的力量和美

似乎很少有教师能意识到他们对家长以及他们与学生之间的关系负有巨大的责任。什么是教师和学生的关系？你怎么看待这种关系？它是信息的流通吗？它是对某些事实的语言陈述吗？这种关系是肤浅、随意和暂时的吗？教师是榜样吗？我作为一个教师会对别人的影响吗？如果我是一个被学生追随的榜样，那么我就成了一个暴君，那么纪律就变成了遵从。他们模仿我，模仿我的习惯、姿势等等。但是我不想让他们追随我或受我的影响。我希望他们理解我们所有人是如何被影响，如何被塑造去遵循一个模式的。我的看法和目的是，帮助我的学生从每一种好的或坏的影响中解脱，使他们自己看到什么是正确的行动，不是被别人告知什么是正确的行动，而是拥有看清虚假和真实的能力和动力。也就是说，我主要关心的是启发他们的智慧，以使他们能够理性地面对生活和它所有的复杂性。我不是将它看作一个目标，而是把它看成眼前的事。我知道他们正受到父母、同学和周围世界的影响，年轻人很容易被影响。他们或许会反抗它，但是压力及其导致的紧张总是存在——无论他们能否意识到。因此我问自己，作为一个教师，作为一个人，我能以什么方式带来智慧的品质和能力。

我开始看到，在这个行动的世界上，以及在我的内心里，我必须是一个既内向又外向的人，不再以自我为中心，而是将眼睛和耳朵转向生活的微妙性。也就是说，我必须能够同时保持和培养慷慨，既是接受者也是给予者。如果我是一个真正意义上的教师，能够全然地投入，我就会感觉到这一切。对我来说，它不是一个职业，它是必须要做的事情。因而我变得对这个世界、对那里正在发生的事情更有意识，并从内心理解超越自我中心的必要性。我看到这是一个整体的运动，外在和内在不可分割，就像海水的涨落一样。现在，我要如何帮助学生意识到这一点呢？

　　敏感意味着柔弱。你对自己的反应、伤痛和困窘的生活敏感，也就是说，你对你自己敏感，这种柔弱的状态中存在着自我利益，因而也存在着受伤或变得神经质的可能。它是一种抵抗，但本质上仍是自我关注。而柔弱的力量不是以自我为中心的，它就像狂风中舞动的嫩叶，这种柔弱无论在什么环境下都不会受伤。柔弱不是以自我为中心，它具有一种非同寻常的力量、活力和美。

　　从内心来说，作为一个人和一个教师，我会尽可能地看清所有这一切。但作为教师，我并不仅仅是这些。我正在研究、学习。作为教师，我处于和学生的关系之中，我在这种关系中学习。学生是受限的、粗心的、贪玩的、淘气的，和普通的孩子一样，我要通过什么方式把所有这些传达给他们？我在教授着各门课程，但我在想能否通过数学、生物、物理来传达这一切。还是说它们是某种不同的，需要被记住的东西？我看到，智慧不是来自对记忆的培养。因此我有个问题：一方面，我看到为了通过考试并最终获得一份职业，培养记忆是必要的；另一方面，我有一种模糊的感觉，智慧不是机械的，不是对记忆的培养。这是我的问题。我在问自己，这两者是否是分离的，还是说，智慧——如果它在人生的初期就被唤醒的话——能够包含记忆，而又不成为记忆的奴隶。大的包含着小的，宇宙包含着个别，但是个别只能待在自己狭窄的领域之内。

我正在开始理解这个重要的因素，因为我是一个投入的教师，正在将教学作为通向另一种东西的跳板。所以我想知道，我要对面前的这些孩子做些什么。他们对所有这些没有兴趣，他们相互欺负、竞争、嫉妒，等等。如果你不在学校里，你能理解我的问题吗？你必须理解，因为你也是一个教师，以你自己的方式——在家里，在运动场上，或在企业里。我们都是某种形式的教师，所以不要只把问题留给我。它也是你的问题，让我们来讨论它。

我希望我们都看到了，我们正处于这样的窘境中：最为主要和重要的是，要为所有的孩子，为我们对之负责的孩子带来这种智慧。不要把这个问题丢给我一个人来解决，让我们来讨论它。首先，我希望你和我能够理解这个问题。我们是否看到，学生最终必须要拥有一份职业，他也必须理解这个世界和这个世界的需要，它隐藏的混乱和它越来越严重的破坏和衰退吗？他不得不面对这个世界，但不是作为一个专业化的人——那使他没有能力面对它。所有这些意味着知识的获得和知识的精心训练。只要世界依旧如此，他就不得不朝某个方向行动，并在多数时间内被它占据，或许每天八个或十个小时。同样，他还必须研究和学习整个内心世界——它尚未被任何人充分地探索过。那些对它有某种程度探索的人说出了他们的发现，但是这又变成了知识，学生只是接受它，这不是对自己的正确探索方式。

因此你和我都有这个问题。你可能是偶尔地感兴趣，但作为一个教师，我是很关心这些问题的。我也是受限的，我不是那么柔弱，在这里所说的意义上。我有我的家庭困难，等等，但是我的全心投入超过了所有这些问题。我该做什么或不做什么？这是否需要一种无为，但是又要与其他教师一起创造那样一种意向的氛围？意向不是一个以后才会达到的目标。它是一直都存在的活动，在其中完全不涉及时间。

47 愿 望
我们强烈的愿望是培养一个自由的人

我们的愿望远比达到一个目标、一个结果重要得多，它不只是指向一个理智和意识形态上的结论，同时也是一个此时此刻的活跃而生动的东西。它就像正在燃烧的灯芯。它无法被熄灭，没有风能吹灭它，灯芯相当粗壮，而且燃料不是由外部提供的。它没有原因，所以那个火焰、灯芯和燃料是永不枯竭的。我们生机勃勃的愿望之火是培养一个善良、智慧、极有能力的和自由的人。作为一名全心投入的教师，这是我的愿望。作为家长，它也应该是你们的愿望。它应该是所有人的愿望，因为这和我们都是有关的。你不能逃避这个愿望，你和我一样同它密切相关。你可以躲避它，无视它，忽略它，但是你和我负有相同的责任。

未来是我们的责任，因此这是我们很紧迫的问题。我们的问题是培养全面的智慧，其他的一切会从它里面流出。在我的心目中，这是核心的要素，因为智慧的人（在我们这里的意义上）不会去故意伤害别人的。这样的人会像对待自己一样对待所有人类，而没有这些可怕的、导致破坏的分别性。我也能模糊地感觉到——不是感情用事——这种智慧完全不是个人性的，它既不是你的也不是我的。我能感到它巨大的吸引力和真实性。

那么，我能用什么方式在我和我的学生身上培养它呢？我正在用

"培养"这个错误的词，"培养"意味着思想的活动，它意味着一种成就，一种辛劳。于是我开始看到，智慧和思想的活动完全不同。思想跟它完全无关。它不可能从思想中产生，因为思想总是有限的。这不是一种模糊的理解，而是一个燃烧的愿望。叙述完这些之后，我问自己：明知学生的头脑是制约的、受限的、顺从的，那么对我来说，有没有可能将这个愿望传达给学生？我能够通过教授数学、生物或其他课程来做这件事吗？

假设我是一个数学老师。数学是秩序，无限的秩序，而秩序是整体，是智慧。秩序不是静止的，它是活生生的运动。我们的生活也是运动，我们却让它变得混乱。因此我想和学生谈论的不只是数学，还有我们生活中的秩序。对混乱的否定就是秩序。一个困惑、混乱、不确定的人试图建立秩序，只会引起更多的混乱。我对这一点看得非常非常清楚，因此我打算帮助学生，通过帮助他们我也在帮助自己。秩序无法像你按部就班地追求数学那样被追求，。因此首先需要认识到，思想无论做什么，通过立法、管理或强制性，都绝不会带来秩序。秩序与思想无关。思想无法制造秩序，它尝试得越多，困惑就越多。数学不是混乱的，数学本身是最基本的秩序。思想能够看到数学的秩序，但是这种秩序不是思想的产物。人能够看到山峦的巨大庄严和美，但是看到它的人可能并不具备高贵、庄严和美的品质。

在和学生讨论秩序和混乱之前，我必须学习它们。学习书本知识和了解自己是完全不同的，自己是混乱的、不清晰的，书本的内容则是一句一句、一篇一篇来展现的，最终形成某个结论。书本是可见的，你可以在书本上花费许多年的时间。但我并不是在学习任何书本，我是在学习一本没有字的书，一本不能用别人的眼睛来读的书。因此我必须找到学习它的方法。

你是在和我一起做这件事，所以不要走开。我是在为自己的兴趣学习，还要把它传达给学生们，而不只是为了自己。书本和课程是看得见、摸得着的，而文字传达着某种确切的含义，但是要学习那微妙的、鲜活的、变化莫测的主题，那就是我们这个活在混乱、困惑和恐惧中的头脑的品质，这远比读一本书要困难得多。它需要机敏、巧妙、不留痕迹地运动，我有这样的巧妙吗？在对自己提问的过程中，我不但要考察是谁提出了问题，还要考察那个问题背后的愿望。

因此我是在非常谨慎地学习整个现象，而从不进入一个确定的结论。这种持续的警觉，绝不允许没有仔细观察而放过任何影子，这种观察正在让头脑，即思想的整个活动安静下来，而同时又不会变得迟钝。我也会休息一阵，然后再继续观察，休息和重新观察是同样重要的。我在捕捉那个智慧的芬芳以及它非同寻常的微妙，于是整个有机体变得越来越活跃和觉知，并开始拥有一种不同的韵律。它在创造着自己的氛围。

这样我就可以到一棵树下或教室里去上课了。我要教数学，因为我知道学生必须掌握数学知识。在最初的五到十分钟，我会和他们谈话，非常清楚地解释我一直在学习的东西，以及他们怎么才能学习它。我在教他们学习的艺术。我确实有着浓厚的兴趣把自己深切的愿望传达给他们，他们被我的热情包围了。而我向他们解释我是如何一步一步地进入这个关于智慧的问题的。我向他们指出一棵树的秩序和美，那不是由思想制造出来的。我坚持让他们清楚地看到大自然、天空和森林里的野生动物，那并不是思想的产物，尽管思想利用它们来达到自身的便利或破坏。思想的活动造成了巨大的破坏，也带来了巨大而短暂的美。我利用每一个机会，以不会让自己和学生感到厌烦的方式，带着幽默和严肃谈论这些事情。这就是我的生活，因为这个智慧是至高无上的。

秩序没有原因，因而是永恒的。但混乱是有原因的，而有原因的东西也是可以结束的。

48 | 全心投入的承诺
少数人该如何对待多数人？

    不满并不一定会通向智慧。我们多数人都有一些不满，对多数的事情都不满。我们或许拥有金钱、地位，在世上拥有某种名望，但这个不满的小虫总是存在着。你拥有的越多，你想要的就越多。满足感永远不会被满足。不满就像一个火焰，无论你给它多少，它总是要吞噬更多。很奇怪，满足感是那么容易被暂时抚平，然后你抓住它不放，尽管它很快就会消逝，那个想要更多的感觉又回来了。这似乎是从一个对象到另一个对象的无休止的追逐，无论在生理上还是在心理上。"更多"是不满的根源。度量之火要么导致厌腻、冷漠和疏忽，要么导致一种更加广阔深入的探寻。

    在探寻中，满足不是目标。探寻是它自身的源泉，它绝不会被扑灭，绝不会因为任何满足而忘记自己。这火焰永远不会被任何外在或内在的成就窒息。我们多数人都有一颗微弱的火焰，它通常会被某种形式的获得窒息，但是为了让这微弱的火焰热烈地燃烧，"更多"这个度量必须完全终止。只有在那时，这火焰才会烧掉所有的满足感。

    作为教育者，我还关心着另一个问题。我不可能拥有一所完全属于我自己的学校。我在学校里有很多同事，其中一些非常聪明——我并不是站在一个优越的立场在说，其他人则不同程度地有些迟钝，尽管他们都受过所谓的良好教育，拥有学位，等等。也许我们当中有一两个人在试图帮助学生理解智慧的本质，但是我觉得，除非我们所有人联合起来共同在这个方向上帮助学生，否则那些对此漠不关心的教师就会扮演妨碍者的角色。这是我们少数几个人的问题。在教育中心，这种情况多数时候都会存在。

因此我的问题是——让我重申一次，我并不是在以一种优越的态度在说——我们少数人该如何对待多数人？我们对他们的回应是什么？这是一个在我们生活的所有层面都必须面对的挑战。在所有形式的政府中，都会有少数和多数的分歧。少数可能关心全体人民，多数则关心他们自己特定的渺小利益。全世界都存在这样的事，它也发生在教育领域。因此，对于那些没有完全投入到智慧与善的绽放中的人，我们要如何同他们建立关系？还是说一切问题其实只是一个问题——唤醒学校里所有人内心的火焰？

当然，专制的态度会毁掉所有的智慧。服从感觉只会引起恐惧，而恐惧必然会毁掉对智慧真正本质的理解。那么，权威在学校有什么位置呢？我们必须研究权威，而不仅仅是声称不要权威，只要自由。我们必须研究它，就像研究原子一样。原子的结构是有序的。服从、追随、接受权威，无论是盲目的还是清醒的，都必然会带来混乱。服从导致了权威，服从的根源是什么？当一个人处于混乱和困惑中的时候，社会就会变得彻底混乱，正是那个混乱创造了权威，就像历史上经常发生的那样。恐惧是接受权威的根源吗——因为内心的不确定、不清晰？那么每一个人都在促成权威的出现——让它告诉我们应该做什么，就像所有的宗教、派别和团体中发生的那样。这是古鲁和门徒永恒的问题，他们在相互毁灭。追随者变成了下一个领导者。这个循环一直都在重复着自己。

我们正在共同研究，在真正的意义上，研究权威的根源是什么。如果我们每个人都看到，它就是恐惧、昏庸或某种更深的因素，那么在语言或非语言层面上共同研究它，就有了重要的意义。在研究当中，或许会有一种思想的交换和对权威根源的无声观察。于是那个研究本身就开启了智慧之光，因为智慧没有权威。它不是你的智慧或我的智慧。我们少数人或许深刻地看到了这一点，没有任何幻觉。我们的责任就是，无论我们在哪里——学校里、家里，或在官僚政府中——就让这火焰烧到哪里。它没有固定的住所，它总是与你同在。

49 | 远 见
理想滋生冲突

　　我们的大脑是非常古老的。它们通过无数的经验、事件和死亡得以进化。人类大脑的发达已经持续了数千年了。它多才多艺，永不停歇，生活并运转在它自己的记忆和焦虑里，充满了恐惧、不定和悲伤。这是个周而复始的循环，它活在其中，相伴着短暂的快感和不停的活动。在这个漫长的过程中，它一直在制约着自己，形成自己的生存方式，调整自己以适应环境——只有极少数物种能做到这一点，混杂着仇恨和友爱，杀戮别人的同时试图寻找一种和平的生活。它被过去的无数行为所塑造，并永远在修正自己。但是，这个回报与痛苦的基本运行结构却几乎没变。这个制约的大脑试图塑造外部的世界，但内在却一直延续着同样的模式，即总在区分"我"和"你"、"我们"和"他们"、被伤害和去伤害，在这个模式里，短暂的友爱和欢愉便是我们的生活方式。

　　如果要有一种深刻和真切的变化的话，我们需要不带价值判断地去观察所有这一切，不带选择地去感知我们生活的这种复杂性，只是准确地去看"事实"。"事实"远比"应然"重要得多。只有"事实"而根本没有"应然"。"事实"只能结束，它不可能变成其他。这个结束本身，而不是结束之外的什么，具有非凡的意义。寻求结束之外是什么，不过是培育恐惧；寻求结束之外的东西，不过是对"事实"的逃避。我们总是在追逐那不存在的，不同于真实的东西。如果我们能看到这一点并保持和"事实"在一起，不论它怎样令人不快和恐惧，或者怎样令人愉悦，那么这个观察，也就是纯粹的关注，将驱散那个"事实"。

我们的困难之一是我们想要尽快走到下一步，你对自己说，"这个我懂了，然后是什么？"这个"什么"使得我们从"事实"滑走，这个"什么"是思想的运动。如果某事让人感到痛苦，思想就试图避开它；但如果令人愉悦，思想就会去抓住它，去延长它。这就是冲突的一个方面。

没有对立面，只有实际上是什么。从心理意义上来说是没有对立面的，因此对"事实"的观察便不会引发冲突。但是我们的大脑习惯于对立面这个幻象。当然对立面是存在的：光明与黑暗，男人和女人，黑的和白的，高的和矮的，等等，但这里，我们正试图了解的是心理领域的冲突。理想滋生了冲突；我们被多少世纪以来的理想主义制约着：理想的国家、理想的人、榜样、上帝。正是这个在榜样和真实之间的界分，滋生了冲突。看清这个真相，这不是一种评判。

我已经仔细地学习了这封信里所说的。从逻辑、常识的角度，我已经明白了，只是过去的惯性是那么的大，以至于被培养起来的幻想，对于"应然"的理想，它们持续不断的侵入，一直在妨碍着我。我问自己，幻想是否能够被彻底地消除，还是我应该接受它，再等它枯萎。我能看到我越反抗它，就给了它越多的生命力，而与"事实"共处是那么的难。现在，作为一个教育者，既是父母也是老师，我能否把在人类中所存在的冲突，这个既微妙又复杂的问题传达出来呢？如果没有冲突，没有问题，这个世界将会多么美好！或者说当问题出现时，这看起来是不可避免的，就立刻解决而不是放任它。

迄今为止教育一直在培养竞争，也就维系着冲突。我看到问题一个接一个，不断堆积在我对学生的责任里。重重困难吞没了我，我开始丧失了对美好人类的远见。我用"远见"一词，不是作为某种理想，不是作为一个未来的目标，而是善与美的至深的真实。它不是一个空幻的梦想，不是一个需要去成就的东西；而是说这个真理本身就是解脱的因素。这样的理解是合乎逻辑的，理智的和完全健全的。它没有丝毫的多愁善感或浪漫的花言巧语。

现在，我面临对"事实"的全部接受，我看到我的学生们还陷在对现实的逃避里。于是这里就有了矛盾。如果我对和他们的关系不够小心，不够警觉，就会带来我与他们之间争斗的冲突。我看到了，但是他们没有，这是个事实。我想帮助他们看到。它不是我的真理，而是他们每一个人要去看到的真理，真理不属于任何人。任何形式的压力都是对事实的歪曲，例如在"给予"和"做榜样"的时候就是如此。所以我必须非常小心地做这件事，让他们有兴趣去调查发现，看看结束这个冲突是否可能。

理解这一切并领会其意义，也许已经花费了我一星期或更多的时间。我或许没有实际地活在其中，但是我已经领会到了它的精微之处，它一定不能从我这里溜走。如果能让学生们领会到哪怕其中的一丝芳香，它便会成为一颗活的种子。我还发现，耐心之中没有时间，急躁反而落入时间之流。我不试图去成就一个结果，或得出某个结论。我不被所有这些所吞噬；这里就有了一种新生的力量。

50 选 择
自由没有对立面

　　自由在我们的生活里是非常必需的。很显然，自由不是想做什么就做什么，尽管人们认为自由便是如此，而这也已成为我们的生活方式。当我们的欲望被否定，我们会感到受挫、压抑，由此产生了我们的愤怒，产生了我们的情绪，所以不断地反抗。我们依循着这样的生命历程，如果我们有所思考的话，就会发现，正是它带给这世界彻底的混乱。一些心理学家鼓励我们没有任何限制地去追寻我们的冲动，马上去做我们所喜欢的事情，并将这些活动合理化，使其成为我们成长的必须。实际上这就是许多年以来人类的诉求，尽管有外在的限制，而现在它被称为"自由"，允许孩子做他想做的事情，去追求成功，这就是我们的社会。也许现在，将出现一种相反潮流，走向控制、压抑、纪律、心理约束。这似乎就是我们人类的故事。

　　此外便是电脑和机器人。这种技术的发展方向是希望生产出或可能生产出类似于人脑的电脑，但却更快速，更精确，以便将人类从长时间的劳动中解放出来。电脑也会逐渐接管我们对孩子的教育：那些精通各个学科的教授与老师们不必出现在学生面前便可以教育他们。这同样也将给我们一些自由。

　　除了在那些集权国家之外，人们将获得更多的自由，也许可以让他做自己喜欢的事。因此，人类可能出现更大的冲突、更多的悲伤和战争。当技术和电脑以及机器人主宰并成为我们生活的一部分时，人类的大脑会发生什么？迄今它在外部的物质争斗方面是活跃的。当人们只工作两个小时或多一点的时间时，大脑是否会退化？当关系成为机器与机器之间的关系，大脑的品质与活力会发生什么呢？它是会去寻找某种娱乐、宗教，或是其他的什么东西？还是让自己去探索自身存在的巨大的深奥？娱乐业聚集了越来越多的力量，而只有很少的人类能量和能力被转向内在；所以，如果我们还不觉知的话，娱乐的世界将会征服我们。

所以我们要问自由是什么。一个常见的说法是，自由是严格的纪律与文明控制的结果——"文明"的意思是从拥有文学、艺术、博物馆和精美食物的角度来说的。这只是一个混乱的、堕落的人的外衣。自由是否是拥有对娱乐的选择呢？自由真的是一个选择吗？我们通常认为自由就是某种"摆脱"，从奴役、焦虑、孤独、绝望等等中摆脱。这样的考虑只会导致更进一步的，也许是更细微的痛苦、悲伤和丑陋的仇恨。自由不是选择一个宗教或是政治上的领袖去追随，这明显是对自由的否定；自由不是奴役的反面；自由是一种结束，而非对于过去东西的延续；自由，就其本身来讲，没有对立面。

我看了这封信，也对它进行了研究，那么我们之间的关系，不只是与学生，与我的妻儿，而是与这个世界的关系是什么呢？要真正地去了解自由的深度，需要极大的智慧，也许还有爱。但这个世界上的活动并不是智慧的，我的那群孩子也是如此。我每天绝大多数时间都和他们在一起。我拥有这种自由的品质吗？拥有它的智慧与爱吗？如果我有的话，那么我的问题就非常简单。这种品质将会运作，而我所认为的问题将会不再是问题。但实际上我没有这种品质。我可以假装穿上友善的外衣，但那太肤浅了。我的责任是刻不容缓的。我不能对自己说，"我要等等"，直到我达到了自由、友善和爱。我真地没有时间，因为我的学生就在我的面前。我无法变成一个隐士。那不会解决任何问题，无论是我的问题还是世界的问题。我需要天堂的闪电来击碎这硬壳、这限制，来使我获得自由和爱；只是，既没有雷霆，也没有天堂。我可以允许自己走入一个僵局并为此感到沮丧；不过那只是对问题的逃避并将自己完全封闭起来，也因此根本无力去面对现实。

当我真正地认识到这个真理，即在这个困境里没有任何外部的因素能够帮助我，没有任何外部的影响、恩赐、祈祷能够在这件事上帮助我，那时也许我将会拥有一种不被污染的能量。那能量可能就是自由和爱。

可是我有那种智慧的能量去破除人类——全世界的人类，而我也是其中一员——在他们周围所建立的心理上的壁垒吗？我有这样的耐力去经历所有这些吗？我对自己问着这些问题，我也将向我的学生问这些问题，以一种更加柔和、友善的方式。我非常清楚地看到所有这些的含义，而且我也必须非常轻柔地去对待它们。真正的答案便在智慧与爱之中。如果我们具有这些品质，我们就会知道如何去做。我们必须深刻地领悟这个真理，否则我们将以这种或那种形式继续人与人之间的混乱。

51 知识的局限
我们并未从战争中汲取经验，依旧重复着残忍和兽行

智慧并非纪律的结果，也不是思想的副产品。思想是知识与愚昧的结果。思想的纪律——思想当然有它一定的价值——只会导致模仿。我们普遍上所理解的纪律的方式便是一致性，去模仿和遵循某种模式。但纪律真正的意思是去学习，而非屈从于某一标准。没有爱便没有纪律。

从孩提时，我们便被告知要去按照某种宗教或是社会的结构来塑造自己，要去控制自己，要去服从。那种纪律是基于奖励和惩罚的。纪律是每个学科所固有的。如果你想成一个好的高尔夫运动员或是网球手，这需要你注意每一次击打，反应迅速并优雅；这游戏有着它内在的自然的秩序。这种良好的秩序却在我们的生活里消失了，它变得混乱，无情且充满了竞争，在我们其中寻求权力，以及与之相伴的各种快感。

纪律难道不是隐含着这样的意思吗？即对于整个生活的复杂运动的学习——社会的、个人的和非个人的？我们的生活支离破碎，而我们试图去了解每一个碎片或是去整合他们。如果我们认清这一切，那么那些仅仅是强加的一些纪律以及观念就变得非常没有意义。

而如果没有某种形式的控制的话，我们大多数人会变得狂暴。无疑，我们的一些束缚控制着我们，强制我们去遵循传统。

我们意识到在我们生活中一定有某种秩序存在。如果没有任何形式的强迫，没有任何压力，并且从根本上，没有奖赏和惩罚，秩序是否可能存在？社会的秩序是混乱的。这里有着不公正——贫穷和富有，等等。每一个改革者都试图带来社会的平等，但是很显然他们都没有成功。政府也试图通过武力、法律和巧妙的宣传来施加某种秩序，但这不过是在自欺欺人。所以我们必须以非常不同的方式来着手处理这个问题。我们也曾试过各种方式来教化人们，包括去驯化他，而这，也不是很成功。每一场战争都是野蛮的，无论是宗教的圣战，还是由政治而引起的战争。所以我们必须回到这个问题：有没有这样一种秩序，它不是思想人为制造的。

纪律意味着学习的艺术。对于我们大多数人来说，学习意味着存储记忆，读一大堆书，可以引用不同作者的话，收集词汇去写作、讲话或者传达他人或自己的主张，从而可以作为一个工程师、科学家、音乐家和技术能手而表现得卓有成效。我们能够在这些方面的知识里表现得很优秀，也因此让自己变得越来越有能力获得金钱、权力和地位。这就是被普遍所接受的学习的含义——积累知识并基于此来行动，或者通过行动来积累知识，其结果都是一样的。这就是我们的传统、我们的习俗，因此我们永远生活并学习在已知的领域里。我们不是建议说有某个未知的东西，而是说要对已知的活动有一种洞见，对它的局限、它的危险和它永无休止的连续性有一种洞见。人类的故事就是如此。我们并未从战争里吸取教训，我们重复着战争；而残忍和兽行仍在带着它们的腐朽继续着。

只有当我们真切地认识到知识的局限时——我们积累得越多，我们其实是在变得越野蛮——我们才能开始询问什么是秩序，它既非外部的强加也非自我的强制，因为那都意味着顺从和无休止的冲突，而冲突就是混乱。对这些的完整的理解便是注意，它不是专注，注意就是智慧与爱的本质，它很自然地带来没有强迫的秩序。

现在，作为教育者和作为父母，他们是一样的，我们不能把这传达给我们的学生和孩子吗？也许他们还太年轻以至于无法理解我们刚刚所说的全部。我们看到了这些困难，而正是这些困难阻碍我们去掌握更重要的主题。我没把这制造成一个问题，我只是非常清楚地觉知到什么是混乱，什么是秩序。这两者没有关系，一个不出自另一个，我也不是在拒绝一个而接受另一个。

清晰观察的种子的绽放将会带来正确的行动。

52 | 谦 卑
谦卑是智慧和爱的精髓，它不是一种成就

在每一种文明里，都曾有少数几个人去关心和渴求如何能使人类变得更美好；他们将不再关心宗教的结构或是改革，而是如何可以不去伤害他人；他们关心的将是整个人类的生活；他们将是和善的，不带攻击性的，也因此是真正具有宗教精神的。在全世界现有的文明里，这种善良的培育几乎已经消失。这个世界变得更加的残忍和具有攻击性，充满了暴力和欺骗。确实，这正是我们作为教育者的职责，去带来一种在根本上具有宗教性的内心品质。这当然并不意味着我们要去归属于某种正统的宗教，连同它那些空想的信仰和繁琐的仪式。人们一直试图在这个充满焦虑、苦难和不尽冲突的世界之外寻找些什么。当他在寻找不属于这个世界的东西时，他便很有可能是无意识地发明了上帝以及各种各样的神，并制造了他自己和他所投射的东西之间的诠释者。已经有了那么多的诠释者，是那么能言善辩、才华横溢和博学多闻。在历史上，从古时候起这个循环便在持续——上帝、诠释者和人，正是这个三位一体的循环承载着人类的轻信。我们对于这个世界是那么的无能为力，而每个人都想要舒适、安全和平静。所以人们将所有这些的核心投射到一个外在东西上，而我们也发现这其实是一种幻觉。无法超越所有这些人类挣扎的局限性，我们便回到野蛮，相互毁灭，无论是内在地还是外在地。

作为一个小的群体，我们是否能够开始去思考这些事情，解放自己，从所有这些被发明出来的宗教的迷信里，去发现宗教的生活是什么样的，并且为善的绽放准备土壤？不怀有宗教的心灵，便不可能有善。

理解宗教的本质需要具备三个要素：自律、谦卑和勤奋。自律并不意味着要通过严苛的戒律——压抑每一种本能，每一个欲望甚至是美——使我们的生命枯萎成为灰烬。在亚洲，种种压抑的外在表现便是藏红色的长袍和缠腰带，而在西方世界则是成为僧侣并发誓独身以及完全的顺从。简单的生活也许可以在外在表现为斗室里的节衣缩食，但内心里，欲望的火焰一刻也没有熄灭，还在制造着冲突。这火焰要通过严格遵循某个观念、某个形象来扑灭。书本和形象变成了简单生活的象征。

自律并非基于信念的结论的外在表现，而是对生活内在的复杂性、混乱和苦恼的理解。这种理解，不是语言上或智力上的，需要非常仔细和警觉地去感知，这种感知不是思想的复杂性，而是一种明晰，这种明晰将会带来它自身的自律。

谦卑不是自负的反面，也不是对某些抽象的权威或对高高在上的主教鞠躬。它不是对于某个古鲁或是某个形象——他们是一样的——的臣服。它不是对自己彻底的否定并将自己奉献给某个虚幻的或实际存在的人物。谦卑与傲慢无关。谦卑没有任何意义上的内心的占有。谦卑是爱与智慧的精髓；它不是一种成就。

另一个要素是勤奋，即思想去觉知它自身的行为，它的自欺和它所制造的幻觉。它是去分清现实和将现实转化成"应然"的错误。它是去觉知对外在世界的反应，以及内心的微妙反应。它不是以自我为中心的警觉，而是对于所有的关系的敏感。

在所有这些之上和之外是智慧和爱。当它们存在时，所有其他的品质也便随之出现，就像是打开了一扇通向美的大门。

作为一个教育者和一名家长，我又回到这个困扰着我的问题。我的孩子和我的学生们不得不面对这个世界，形形色色不同于智慧和爱的东西。这并非愤世嫉俗的言论，这是触手可及、显而易见的事实。他们不得不面对堕落、残忍和彻底的麻木不仁。他们被吓倒了。要负责的话——我很小心地用这个词，带着真切的愿望——我们将如何帮助他们面对这些？我不是在问别人；我把问题提给自己，让自己在提问中变得清晰。这个问题让我感觉很困惑，当然我不会想要一个安慰性的答案。在向自己提问时，敏感和明晰开始显露它们的端倪。我非常关注这些学生和孩子们的未来，在帮助他们使用词汇，还有爱和智慧的过程中，我在聚集力量。像这样地去帮助一个男孩子或女孩子，对我来说已经足够了，就如同河流起于高山里的一条孤独、遥远的小溪，但它蓄势而发，终成大河，所以我们必须从少数人做起。

53 | 平 庸
什么样的能量能使我们脱离庸俗？

我们是什么样的，世界就是什么样的。在家庭里，在社会上，我们创造了这个世界，以及它的粗俗、残忍、冷酷和低劣，并相互毁灭。同样我们也在心理上相互毁灭，为了自我的欲望和满足而剥削别人。我们仿佛从未意识到，如果我们每个人不经历一种彻底的改变，这世界将会延续几千年来的样子，我们彼此残害，相互杀戮并对地球不断掠夺。如果我们自己的房子里都没有秩序，那么我们就不可能期望社会以及我们与他人的关系是有序的。这是如此显而易见以至于我们都忽视了它。我们对它弃之不顾，不仅是因为它简单，而且也是因为它太难了，所以我们接受事物现有的样子，陷入了接受的习惯里，并不断地继续下去。这就是平庸的实质。你可能有着文学上的天赋，被少数人所认可，并努力去赢得大众名声；你可能是一个画家、诗人或者是一个伟大的音乐家；但在现实生活里我们从未关心过生命这个整体。我们可能还是在为人类那巨大混乱和苦难添砖加瓦。每个人都想要展示自己那点小天赋，并对此津津乐道，却忘记了或忽略了人类的困扰和苦难的整体复杂性。我们只是接受，而这已成为我们常规的生活方式。我们从未作为一个旁观者待在圈外；我们感觉无法保持旁观，或者害怕离开世俗的洪流。

作为家长和教育者，我们将家庭和学校弄成我们自己的样子。平庸的意思就是在攀登的过程中半途而废，而从不去达到顶峰。我们想要和其他所有人都一样，或者即便想要略微有所不同的话，也会小心地将它隐藏起来。我们说的不是要标新立异，那是另外一种形式的自我表现，而这正是所有人都在以自己的方式所做的。只有当你是富人或是天才的时候，标新立异才会被容忍，但当你是穷人却行为特异时，那就只会被冷落和忽略。不过，我们当中没有几个天才，我们只是从事着特定职业或工作的人。

这世界变得越来越平庸。我们的教育、我们的职业、我们对于传统宗教肤浅的接受，使我们变得平庸并且相当的粗糙。在这里我们关心的是我们的日常生活，而不是某种天赋或能力的表现。作为教育者，也包括家长，我们是否能打破这种索然无味的、呆板的生活方式呢？是否是对于孤独的无意识恐惧使得我们陷入习惯——工作的习惯、思想的习惯、对于既成事实普遍接受的习惯？我们为自己建立一套程式，并使自己活得尽可能地靠近那些习惯，以至于我们的大脑逐渐变得机械。这种机械式的生活方式就是平庸。那些活在既有传统里的国家通常是平庸的。所以我们问自己：怎样才能结束机械式的平庸，并不再形成另一种也会渐渐变得平庸的模式？

问题的症结在于对思想的机械使用，而不是如何走出平庸，但人们却给了思想无比的重要性。我们所有的行为和志向，我们所有的关系和渴望都基于思想。思想是大家所共有的，无论是那些极具天赋的人还是没受过任何教育的村民。思想是我们大家所共有的，思想不属于东方或是西方，不属于低地或是高地。它不是你的或我的。理解这点是很重要的。我们将它变得个人化，也进因此一步限制了思想的品质。思想是有限的，而当我们将它变成我们个人所有时，就使它更为肤浅了。当我们看清了这个事实，理想的思想与日常的思想之间的竞争也将不复存在。理想已经成为首要的了，而不是关于行动的想法。正是这种区分滋生了冲突，而对于冲突的接受则是平庸。正是那些政客和古鲁们培养并维系了这种冲突与平庸。

我们再回到这个基本问题：我们这些教师和家长——这包括了我们所有人，对于下一代的回答是什么？我们可能已经认识到这些信里所说的东西的逻辑性和完整性，但理智上的理解看起来并不能给我们走出平庸的力量。那么，什么样的能量才能使我们脱离——是现在，而不是最终——庸俗呢？显然不是基于某种模糊理解的心血来潮，或感情用事，而是一种在任何环境下都能维持自己的能量。那个必定独立于一切外在影响的能量是什么？这是一个每个人都该问自己的严肃的问题。是否有这样一种能量，它是彻底脱离所有的因果关系的？现在让我们一起来审视一下它。思想是某个起因的结果，那个起因就是知识。有尺度的东西必然会有结束。当我们说我们懂了的时候，一般都意味着理智上或言语上的理解，而去理解是敏感地去感知那个"实然"，而正是那个感知使得"实然"枯萎凋零。感知就是一种注意，它是集中你所有的能量去观察"实然"的运动。这种感知的能量没有起因，正如智慧和爱没有起因一样。

54 | 与自然和谐相处
伤害自然就是伤害自己

　　想必教育者已经意识到这世界上实际所发生的事情。人们被按照民族、宗教、政治和经济来划分，而这种划分是破碎的。它给这世界带来巨大的混乱——战争、各种政治上的欺骗，等等。人与人之间的暴力不断地蔓延。这就是在我们所生活的这个世界、这个社会中的真实的混乱状态；而这个社会是由所有人以及他们的文化和语言上的不同和他们在地域上的分离所造成的。所有的这些不止滋生了混乱，还有憎恨和大量的对抗以及进一步的语言上的分别。

　　这就是正在发生的事情，教育者的责任确实很大。他关切的是在所有这些学校里培养出美好的人类，他们有和整个世界相关的感觉，他们不再是国家主义的、地区主义的、分离主义的，也不再虔诚地信守那些陈旧的、腐朽的、完全没有价值的传统。教育者的责任变得越来越严峻，越来越认真，越来越关注对自己学生的教育。

　　教育实际上在做什么呢？它是否真的帮助人类，帮助我们的孩子变得更关心他人，更温和、慷慨，而不是回到这个世界旧有的模式、旧有的丑陋和顽劣中？如果教育者真地对此关心，他必须要这样，那么他就得帮助学生去发现他和这个世界的关系，不是和想象中的世界或是浪漫的多愁善感的关系，而是和实际的、万物运行于其中的这个世界的关系；

同时也包括和自然的世界、和沙漠、和丛林、和他身边的那几棵树，和这世界上的动物的关系（很幸运，动物没有国家主义，它们只为生存而捕获猎物）。如果教育者和学生失去了和自然、和树木、和汹涌的大海的关系的话，也必然丧失和人类的关系。

自然是什么？有大量关于它的讨论以及去保护自然的努力：保护动物，保护鸟类，保护鲸鱼，保护海豚，清理被污染的河流、湖泊、绿地等等。自然无法像宗教或信仰那样被思想制造。自然是老虎，是那具有活力、具有庞卓力量的动物。自然是原野上那棵悠然独立的树，是草地，是树丛；它是害羞地躲在树干后的松鼠。自然是蚂蚁和蜜蜂以及这地球上所有的生命。自然是河流，但不是某一条特定的河流，无论它是恒河、泰晤士河或者是密西西比河。自然是所有那些山脉，白雪皑皑，峡谷幽蓝，山峦叠错，伸向大海。宇宙是这世界的一部分。要对所有这些有所感觉，不要去摧毁它，不要为个人的快感而杀戮，不要捕食动物。当我们食用蔬菜时，我们确实是杀了它们，但我们必须得有个界限。如果你不吃蔬菜，那你如何活下去？所以我们必须明智地进行分辨。

自然是我们生命的一部分。我们源于大地，源于种子，我们是所有那些的一部分，但我们正在快速地失去我们同样是动物的感觉。你能否对一棵树有感觉，看着它，欣赏它的美，倾听它所发出的声音；对那些小植物很敏感，那些小草，那些延墙而上的蔓藤，那些树叶上的光与影？你必须觉知到所有这些并与你周围的自然有一种交流的感受。你可能生活在城镇里，但那里一定会有树。隔壁的花园也许照顾得不是很好，杂草丛生，但看看那里的花，感受一下你就是所有这些的一部分，是所有生命的一部分。如果你伤害自然，那么你就是在伤害自己。

我们知道所有这些在以前都曾以不同的方式讨论过，但我们好像并未对此太过留意。是否我们太过沉浸于我们自己的问题丛林，我们自己的欲望，我们对于快感的渴望以及我们的痛苦，以至于从不看看周围，也不去看看月亮？看看它。用你所有的视力，所有的听觉以及所有的嗅觉去看。看，就像你是第一次在看它那样去看。如果你能像是在第一次看树、灌木、草丛，你就能像第一次看你的老师、你的父母和你的兄弟姐妹。那是一种非凡的感觉，好像是惊讶、陌生，又好像是一个崭新的清晨的奇迹，它从未发生过，以后也不会再现。

　　与自然真实地交流，不是纠缠于言语上对它的描述，而是要成为它的一部分，去觉知，感觉你属于那全部。能够对那全部有一种爱，能够去欣赏一头鹿，一只墙上的蜥蜴，或是一段躺在地上的折断的树枝。看这夜晚的繁星和新月，不带言语，不是仅仅说多漂亮啊，然后转身被其他的东西所吸引。就像第一次看到那样去看那颗独挂天边的星星和那轮清新皎洁的明月。如果在你和自然之间存在这种交流，那么就能和他人产生交流，和坐在你旁边的学生，和你的教育者，或者和你的父母。我们已经失去了所有的关系感，不只是关于友爱和关心的言语上的描述，也包括非语言上的交流感。那是这样一种感觉，即我们都是在一起的，我们都是人类，不是分离的、破碎的，我们不属于任何特定的群体或种族，又或是某些理想主义的概念，我们都是人类，我们都生活在这个非凡的、美丽的地球上。

　　你是否曾在清晨醒来，望向窗外，或是走到外边，去看看树木和春天的黎明？和它呆在一起。倾听这所有的声音，这树叶间微风的低语。看这树叶上的阳光，看太阳越过山顶，越过草地；看那干枯的河床，或是山上放牧的羊群。看着他们，带着友爱、珍惜的感觉，没有一丝想去伤害的感觉。当你和自然之间有着这样的交流的时候，那么你与他人之间的关系就会变得简单、清晰，没有冲突。

这是教育者的责任之一，不是仅仅去教授数学或是如何使用一台计算机。与他人交流要重要得多，和那些苦难的、挣扎的、承受着贫穷的巨大痛苦与悲伤的人们去交流，也和那些坐着汽车的富人们去交流。如果教育者关心这些，他就在帮助学生，让他们对他人的悲伤、他人的挣扎、焦虑和忧愁，以及他们在家里的排行变得敏感。这应该是教师的职责，去教育孩子们、学生们与世界有这样一种交流。这个世界也许太大了，但世界就在他所在的地方，那里就是他的世界。而这将带来一种自然而然的关注，对于他人的友爱，彬彬有礼，并远离那些粗鲁、残忍、低俗的行为。

教育者应该谈论所有这些事——不只是言语上的，他必须感觉到这个世界，自然的世界以及人的世界。他们是息息相关的。对此人们无法逃避。当他毁坏自然的时候，他就是在毁灭他自己。当他杀害别人时，他就是在杀害自己。你的敌人不是他人而是你自己。与自然、与世界这样去和谐相处，自然会带来一个不同的世界。

55 | 唯有学习
学习带来人与人之间的平等

　　通过观察，也许你能够比从书本学到的更多。书籍对于学习一门学科来说是必需的，无论它是数学、地理、历史、物理或者化学。书籍将那些科学家、哲学家、考古学家等等所积累的知识印制在纸张上。人们在学校里，通过学院或大学（如果你足够幸运地能够进入大学的话）所学到的这些积累起来的知识是从很久以前便开始的，通过很多个时代所收集起来的。有大量来源于印度、古埃及、美索不达米亚、希腊、罗马的知识，当然还有波斯。无论在东方还是西方，对于拥有一份职业或任何工作来说，无论它是机械性的，还是理论性的，实用性的或者需要你用脑去发明的，知识都是必需的。这些知识带来了大量的技术，特别是在 20 世纪。还有所谓的圣书的知识，吠陀、奥义书、圣经、古兰经和希伯来的经书。有宗教方面的书籍也有实用方面的书籍。书可以帮助你拥有知识，富有技巧地做事，无论是作为一个工程师，生物学家或是一名木匠。

　　在任何学校里，特别地说在这些学校里，我们中的大多数都在获取知识和信息。这就是到目前为止学校存在的目的，获取大量的信息，关于外面的世界，关于天空，为什么海是咸的，为什么树会成长，以及有关人类——他们的解剖结构、大脑的结构，等等，也有关于你周围世界的，自然界、社会环境、经济状况等等，很多很多。这些知识是绝对必需的，但知识总是有限的。无论它将如何演变，知识的收集永远是有限的。学习是获取这类各种学科知识过程的一部分，这样你才能拥有一份职业或工作，也许它令你愉悦，也许那只是环境或社会需要强迫你接受的，尽管你可能不怎么喜欢那类工作。

正如我们曾说过的，你能够从观察中学到很多——观察有关你的事情，观察鸟，观察树，观察天空、繁星、猎户星座、北斗七星，这夜空的星。通过看，你就能学到东西，不仅去看你周围的事，也去看别人，他们如何行走，他们的姿势、用语、穿着。你不仅观察外部的东西，你还观察你自己，为什么你思考这个或者那个，你的举止，你的日常行为，为什么你的父母要你做这做那。你在看，而没有抵触。如果你在抵触，你就不在学习。或者你得到某些结论，某个意见你觉着是正确的，并坚持不放，你自然就不再学习了。自由对于学习来说是必需的，好奇也是，你想要知道你或别人为何用某种方式行为处事的感觉，为什么人们会生气，为什么你感到烦恼。

学习非常重要，因为学习是没有止境的。比如，学习为什么人们相互残杀。当然，书上有种种解释，解释所有这些心理上的原因，为什么人们有某种特殊的行为方式，为什么人们是暴力的。所有这些都在各种书里被那些知名作家、心理学家等等人解释过了。但是你所读到的不是你。如果你观察自己，你是怎样的，你如何行为处事，为什么生气、嫉妒，为什么沮丧，你将学到比书本上告诉你的要多得多的东西。但读一本关于你自己的书比观察自己更容易。大脑习惯于从外部的行为和反应里去收集所有信息。你难道不觉得被指导，被别人告诉应该怎么做会更舒服吗？你的父母，特别是在东方，告诉你应该和谁结婚并安排这场婚姻，告诉你应该从事什么事业。所以大脑接受了这种容易的方式，但容易的方式并不一定是正确的方式。

我在想你是否注意到，再也没有人喜欢他们自己的工作了，可能除了少数科学家、艺术家和考古学家。普通人很少会喜欢他所做的事情，他被社会、被父母、被赚钱的渴望所驱使。所以要通过非常非常仔细的观察来学习、观察外在世界，即你之外的世界，同时也观察内在世界，即你自己的世界。

看起来有两种学习方式。第一种是先通过学习获取大量的知识，然后再从知识出发去行动。这是我们通常所做的。第二种是去行动，去做，然后在行动中学习。而那也变成了知识的积累。实际上二者是一样的——从书中学习和从行动里获取知识。二者都是基于知识、经验；而正如我们所说过的，经验和知识一定是有限的。

所以老师和学生都应该去发现什么是真正的学习。例如，你可以向一个古鲁来学习，如果他的确是健全的———个理性的古鲁，而不是一个赚钱的古鲁，不是那些想要通过他们那些杂七杂八的理论去获取名声和奔走于各个国家来聚敛财富的古鲁。去发现学习是什么。在今天，学习正在变得越来越像是一种娱乐。在一些西方的学校里，学生们甚至上完中学都还不知道如何去读和写；而当你学会如何读和写，并学习各种科目，你又成了彻头彻尾的平庸的人。你知道"平庸"这个词意味着什么吗？它词根的意思是登山走了一半，却从不去到达山顶。那就是平庸，从不渴求卓越和最高的潜力。学习是无限的，没有止境的。

那么应该从谁那里学习呢？从书本吗？从教育者那里吗？也许是通

过观察，如果你心灵聪慧的话？目前，看起来都是从外部世界学习的。你在学习，积累知识，并基于那些知识来行动，建立你的事业，等等。如果你向自己学习，或者更准确地说是通过观察你自己，你的偏见、你固有的结论、你的信仰，如果你观察到你的思想的微妙、你的粗俗、你的敏感，那么你自己就成了教师和学生。于是你的内心不再依赖任何人、任何书和任何专家。如果你感到不舒服，或得了某种疾病，你当然要去找一个专业人士，那很自然，也是必需的。但对某人的依赖，无论他是多么的优秀，都会妨碍你认识自己，了解你真实的样子。而了解你真正的样子非常非常的重要，因为你之所是造成了这个社会的堕落和不道德；在这个社会里，那么多的暴力在传播；这个社会又是那么的具有攻击性，每个人都在追求他自己的某种成功，他自己某种形式的满足。学习你自己所是的，不是通过另一个人而是通过观察你自己；不是谴责，不是说"这样很好，我是就那样的，我无法改变"，然后继续老样子。当你不带任何形式抵抗和反应地观察自己时，正是那个观察本身就在行动。它就像火焰一样将愚蠢和幻想燃烧殆尽。

所以学习是重要的。一个停止了学习的大脑将变得呆板。就像被拴在柱子上的动物，只能在绳子——那条绑在柱子上的系绳——允许的范围里活动。我们中的大多数都拴在我们自己的某个柱子上，一根看不见的柱子和一条看不见的绳子。你在绳子的范围里游走，它是那么的有限。就像一个人整天想着自己，他的问题、他的欲望、他的快感和他喜欢做什么。你们都知道这种对自己无休止的关注。它是非常非常有限的，而正是这个局限滋生了各种形式的冲突和痛苦。

那些伟大的诗人、画家、作曲家，从不满足于已有的作品，他们永远在学习。在你通过考试和参加工作之后，不要停止学习。在学习里，特别是在对自己的学习里，有着巨大的力量和活力。学习、观察，不要留下任何没有被你翻开过的角落，看你自己。这就是从你自己的局限中解脱出来。这个世界被这种局限分成印度人、美国人、英国人、俄国人、中国人等等。由于这些局限，而又产生了战争，成千上万的人被杀害，产生了残酷和痛苦。

所以教育者和被教育者都在学习，这里用的是这个词更深刻的含义。当两者都在学习的时候，这里就不再有教育者和被教育者了，有的就只是学习。学习将心灵和思想从名望、身份、地位中解脱出来。学习能带来人与人之间的平等。

56 | 传　统

对过去的反叛只会带来另外一种顺从

对于我们所有人来说，最重要的事情之一便是理解传统的巨大重负，特别是在印度这个国家，传统被看作是一件无比神圣的事情。传统这个词意味着臣服，意味着交付。一个人让自己臣服于过去时，心灵就被过去的东西塑形或制约。于是相比于现在，相对于现在，过去变得无比重要。

过去通过种种仪式，通过所谓的圣典，通过宗教的宣传得以培育。这制约了心灵，也因此使它变得有限。在那些局限里，传统主义者们在寻找着自由。这就像一个囚犯扩建了他监狱的围墙：不论他在多大的院子里走动，他仍旧待在监狱里。这些被过去世代精心培养的习俗又通过家庭，通过文学作品，通过环境的影响而传递下来；重要的不是心灵的培养，相反是通过过去所建立起来的种种模式来对心灵进行控制，以期带来秩序。这就是传统的目的。

为了对抗传统的沉重，所有年轻的一代，从苏格拉底开始，都在反叛——嬉皮士、披头士，还有其他的，清一色地留长发，留胡子等等。这些对过去的反叛只会带来另外一种从众，它表明了对已有的秩序，对老一辈大规模抗议，因为它们对战争、对社会的混乱、对人类分裂成国家和宗教群体负有责任。

从过去中解脱不是对过去的反叛，而是去弄明白过去——传统、习惯——是如何塑造我们的头脑和心灵的。在对这些局限的学习里，也就是对自己的谨慎觉知中，意识到我们正是这个自己创造的极度苦难的世界的囚徒，自由就会到来。没有这种自由，你便无法在现在行动。这个活生生的现在是唯一的行动。

　　你要不就与过去彻底绝断，要不就被社会吞没，臣服于社会，把自己交付给社会，以及它的传统、战争，等等。也就是说，你将成为你孩子的既有秩序，而他们也将反叛你，如果他们有一点聪明的话。年轻人的反叛已经进行了几千年。每一代都在用错误的教育和完全没有任何意义的意识形态来毁灭年轻人。教育的主要目的便是要打断这根链条，而不仅仅去培养一个强大的记忆力来帮助人谋生。正确的教育不只是帮助学生通过技术科目的考试，而是帮他们理解整个存在的领域，那就是我们的生活。不仅是教育者，而且学生也应该要求这样的教育，并且通过质疑，通过讨论，通过学校召集的大会——此时，教育者和学生的关系里不再有权威，他们要保证这样的教育在延续。

　　在传统中，善无法绽放，而传统的延续不是善。

57 | 文 化
真正的文化是一种在自由中的活动

文化，正如这个词所表明的，是某种不断生长、变化的东西，一种没有特定终点的运动。要培育一棵植物或者一朵花，需要关注和保护，而培养心灵则更加困难。心灵是非常复杂，非常微妙的，有着巨大的可能性，而那是无法估量的。我们忽略心灵的整体性，然后通过教育，通过学习一门能够给予我们谋生能力的技术，试着去培养其中的一小部分。这些通过教育，通过社会上的交往，通过和其他人的关系所得到的这种特殊的小小训练促生了矛盾，它表现在我们的日常生活里便是冲突、憎恨、对抗和仅仅为了生存而变得具有竞争性的攻击。因为我们无法结束这种存在于我们身上、存在于社会里、存在于我们所生活的社区里的矛盾，所以我们逃进寺庙、教堂或者是清真寺，去喝酒或者陷入过度的性关系，等等。所有逃避在本质上是相同的，无论是逃向所谓的神或是把性变得很重要。

这种对于碎片的培养必然导致毁灭和苦难，无论那个碎片是国家、某种信仰、家庭，或是一个理想。培养荣耀与成功的碎片必然会产生分歧与隔阂，也因此带来世上的混乱。直到今天，对于碎片的培养仍是我们教育和社会的主要关心点。这种对于碎片的培养必然滋生恐惧和随之而来对于内在和外在安全感的寻求。这就是我们所生活的社会，伴随着它的是战争、暴力、残忍、攻击性和无尽的苦难。

在学校里，如果我们把所有的重心放在获取技术知识上，而完全忽略作为人类的心灵的浩瀚性的话，我们将变得呆板、厌倦生活和懒惰。这就是正在发生的事情。你可以培养碎片，但你无法培养整体，因为你没有进入这种浩瀚的工具。我们没有认识到这点，所以才让智力变得无比重要，或者以无比的热情醉心于某种意识形态——国家，或是你自己的形象，或者给那个浩瀚一个概念并称之为宗教。人们在恐惧中所培养的东西就变成了传统。

所以我们的问题不只是拥有关于技术知识的最好的训练，我们还要去找到进入那非凡的、无限的心灵的道路。你必然要问这要如何才能做到。这个"如何"就是方法、体系，如果你追随这套体系或方法，无论它是什么，无论它是谁的，你就还是在培养碎片。当你认识到这点时，你便不再询问"如何"了。

所以你已经投身于另外一种探索了。这种探索需要彻底的自由。这种自由不是无序，不是放任。如果曾对自己要求过这样的自由，那你也建立了这个"自由是什么"的形象、概念，或是理想，但很显然那些都不是自由。自由无法在天堂里得到，它就在我们的日常生活里，在从残忍、暴力、贪婪等等的解脱中。没有这种自由的基础，碎片的成长只会带来混乱、无尽的闹剧和悲伤。

真正的文化是一种在自由中的活动，它不存在于那些将成为传统的意识形态的模式中。

58 | 服 从
恐惧滋生了权威

生命中最重要的事情之一，或许就是最重要的事情，是自由。暴政也好民主政府也好，这个词都被他们极大地误用了，世界各地的宗教也滥用了它。也许除了在科学领域，个人的自由与独立是不存在的。它不存在于商业世界或是经由恐惧和信仰组建起来的宗教机构中，它不存在于政府或是人类活动的任何领域。但人们却一直坚称他是自由的，抱怨是环境限制了他。自由，也就是自己独立地去想清楚，使自己的行为不屈从于社会的指令或是自身的偏好，这是很难的，但是如果没有自由，一个人便不可能发现或是过上一种完全不同的生活，它完全不同于我们每日所熟知的这种痛苦的生活。

自由不是从某事某物中解脱，而是自由本身。自由不是指任意做他喜欢做的事，所以一个人必须不只是从字面上而是切实地去了解这个词的内涵。我们不是试图去定义自由是什么；每个人都会依据他的想象、偏好或所受的教育来解释它，有些人甚至根本否认有这样一种东西。发现自由，不是通过对它的寻找，而是通过领悟是什么禁锢了心灵。当这些禁锢的围墙被打破时，那自然便会有自由，而你不必去寻找它。所以重要的并不是如何达到自由或询问自由是什么，而是去问为什么心灵——它是时间和环境的产物，它有着那么多悲伤而又混乱的经验——

是不自由的。

重要的是去探究为什么在经过了几百万年之后心灵依旧深受制约。这正是心灵活在其中的牢狱。心灵被社会以及它的文化、法律、宗教约束，经济压力等等所制约。毕竟，心灵是过去的产物，而这个过去就是传统。心灵就活在这个传统中，连同它所有的争斗、战争和伤痛。你必须要问，心灵是否能从它自己的制约中解脱出来。有人说它历来就是受制约的，绝不可能自由；而另一些人则说，这种从制约中解脱是无法在此处找到的，它只存在于某个未来的天堂，存在于长久的奉献、持戒，对一种宗教修行模式的进一步遵循的终点。没有从制约中的解脱，人类将永远是囚徒，生活也仍将是战场。

在这个质询中，首先要理解的事情就是权威的本质。在任何社会里，法律和警察都是必需的，但我们也把警察带入了我们思想和感受的内在世界。在这个世界里，服从已被传统、经验和习惯逐步确立——服从父母、社会、牧师。但是，服从源于恐惧——怕走错了，怕独立行事，怕不安全，怕不是社会一分子，怕孤立，怕犯错误。所以，是恐惧滋生了权威；我们想以一种社会已有的、被人尊敬、被人所接受的方式来生活。而正是这恐惧制约了心灵；是恐惧造就了这个社会，心灵便成为其中的一名奴隶。心灵通过它的恐惧、贪婪、野心、嫉妒等等，创造了这个社会。

一种没有任何顺从，而自然到来的纪律，就是对所有这些恐惧、焦虑和嫉妒的简单观察；看你自己的恐惧和野心，就像看一棵树那样。这个看本身就是纪律。"纪律"这个词意味着学习，而不是从众、压抑和顺从服从。学习有关制约的本质和结构将会带来秩序，不是那种社会的秩序，因为那实际上是混乱。

所以，观察这个世界以及它的战争、憎恨、争斗、混乱，就是如实地观察自己。而如实地观察自己就是去观察这个你所创造的世界。这个观察就是自由。观察危险就是避免危险。观察人类这沉重局限的危险性，就是在避免所有的局限。其中最重要的是，不只用理智去看，还要用真正的眼睛去看。

59 | 冲　突
分隔导致冲突

　　逃避这个世界就是世俗性。我们以各种方式来逃避这个世界。逃避就是对"事实"的抗拒。理想主义者与知识分子、感性的人、宗教人士和世俗的人们，都在以各自特殊的方式来抵抗"事实"。所以从未有过任何本质上的改变或革命。这种抵抗或逃避从我们孩提时便开始被培养，一直到我们死去。无论在东方还是西方，这都已成为传统；它并不是属于东方或是西方，因为人不是按欧洲人、亚洲人或是美国人划分来的。根本的问题是我们是否有可能在每天的生活中没有任何的抗拒，也就是说，没有任何的防卫。我们是否有可能是打开的，也因此是高度敏感的，却仍然从事着我们日常的工作？

　　由于做不到这点，不可避免的结果就是我们通过防卫机制所培养起来的分隔过程，而这个分隔的过程也必然导致在所有关系里产生冲突。这种内在的冲突转变成外在的冲突，导致了国家、宗教和道德等等的划分。是否有可能在这个社会里过上这样一种生活：没有冲突，没有抗拒，也没有对"事实"任何形式的逃避？"事实"一直就是这个活生生的现在。对这个生动的活力的抗拒来自对于过往"已然"的记忆和对于"或然"的希望。这种对于过去的回忆和对于未来的希望就是对于"事实"的逃避。我们抗拒真实的东西。而真实的东西是危险，或悲伤，或绝望，或是片刻的欢愉。我们能否看着悲伤，不带任何形式的抗拒或逃避，看着它，不只是用感官，还要去除自怜的过程，也不从那里逃开，既不对它谴责，也不试图接受，因为这两者都是对于"事实"的逃避？"事实"就是悲伤或是痛苦。

　　看，永远是此刻的事。如果你说"我已经看过了"，然后带着你从"看过"里所学到的东西以及关于那个"看过"的记忆去看现在的话，那么实际上，你的眼睛就会被过去的记忆所遮蔽，因此你也就根本不是在看。真正地去看这个悲伤，它从人类诞生以来便伴随着我们，就是不带时间地去看。当没有抗拒的时候，悲伤也便失去了刺痛。而对悲伤的接受、崇拜或是通过解释把它消除掉，永远都不会使我们直接接触到它。

　　我们通过酒精，通过性，通过有组织的信仰——我们称它为宗教，通过对于国家或是某些意识形态的服从，来编制我们逃避的网，这个网实际上就是对于"事实"的抗拒和逃避——包括内在和外在的事实。所有对抗拒这一传统的培育都是对于自由的否定。对于过去行动的记忆其实是没有行动，因为行动是在现在的活动，行动源自"事实"，而非源自对"已然"的回忆。

60 | 一起工作
教育就是去打破模式

　　合作和攻击永远无法走到一起。国家的信仰和宗教的信仰、经济上的差异以及智力发展的不均衡使得这个世界支离破碎，在这样一个世界里合作是绝对必要的。在非常亲密的关系里，如在家庭里，某种类型的合作是存在的，但除此之外，意见、喜好和知识的分歧却一直存在。野心和嫉妒加强了这些分歧，而这显然是有碍于合作的。

　　传统意义上的合作指的是为了一个意识形态或围绕着一个支配性的人物或者某种乌托邦的理想而一起工作，但是这样一种合作会随着这个人物或意识形态的消失而破裂或终止。这就是人们所遵循的模式，希望为这个世界带来不同，或为他个人带来利益。为了一个结果而共同工作，而每个个体对于达成那个结果的动机又各不相同，这必然会导致冲突。这样的合作只是为了一个观念而不是实际的需要。只有当我们懂得了这种需要并且有了由爱所产生的那种关系的时候，合作才不只是一个公式。而当有攻击在时，这种关系便被否定了。人，天生便具有攻击性；这种攻击性来源于动物。而这种攻击性，这种暴力，在家庭中，在教育里，在商业社会和宗教组织里，都是被鼓励的。

　　攻击性以雄心壮志的面貌出现，这同样也是受到鼓励和尊敬的。攻击即是暴力，而为了制衡世上这种如此张扬的暴力，人们发展了各种形式的意识形态，但这仅仅是在帮助回避暴力这个真正的事实。暴力不止是在战场上，它也是愤怒、憎恨和嫉妒。是嫉妒使我们彼此竞争，而社会对此却极为尊崇，但竞争的构成恰恰是基于暴力的。

我们当中的大多数人都能够看到，至少在理智上能够看到所有这一切的模式，但是使我们"行动"起来的不是一种智力上的领略，而是要看到这件事的真相。看到真相是唯一的解脱的要素，而不是所有那些理智上的争辩、情感上的调节或者是纯粹的合理化。看到就是行动，而这个行动不是思维的产物。

合作必须存在，但当每一个个体与他人相竞争，并追逐自我成就时，合作是不可能存在的。为了合作，就不能有诸如个人、家庭或国家的成就这类东西，因为这种成就强调了分离，否定了合作。当你看到所有这些，不是把它作为一种描述性的想法，而是对于全人类幸福的一种威胁，那么那个真正的看见就会带来一种行动，它将是非侵略性的，也因此是合作性的。看见就是爱，而一个有爱的人就处在合作的状态里。理解了合作，他也会知道什么时候不去合作。

在合作的充盈里，善——它不是一种多愁善感——便会绽放。是权威摧毁了合作，因为有权威时，爱便不可能存在。我们在所认可的模式里生活得太久了，以至于它已经成为一种传统，而自由、爱与合作也已经失去了它们的根本意义。教育就是要去打破这些模式。这个打破本身正是对生生不息的真理的领悟。

61 | 秩　序
服从过去就是混乱

　　当你环顾周围你会发现，也许除了在自然界中，到处都是悲伤、混乱和暴力。即便人决定要故意给这个世界制造混乱，他也不可能做到现在这个状态：如此多的毁灭、仇恨与无政府状态。这是过去历代的人们所造成的结果——他们的生命、态度、价值观和迷信都对这混乱负有责任。

　　你经常听说未来掌握在年轻人手中。是这样吗？还是说年轻一代也同样被过去严重制约着——也许他们完全没有意识到——以至于他们对于已有的秩序只是很肤浅地去反叛？这种肤浅的反叛会给他们一些活力和新鲜感，但这却被误认为是一个新的开端。每一代都或多或少地要去反叛过去，但很快他们就被过去、被社会、被他们生活中的文化所捕获。所有这些是如此的明显，不需要深刻的分析。

　　更为紧迫的是，作为人类，我们每一个人都必须要以一种完全不同的方式去思考、行动和生活，而它不是基于人们所继承的攻击、贪婪和掠夺的天性。这种革命不是发生在社会或经济领域，而是在一个更深的层次上——在人类的意识结构本身之中。所以危机不是在于年轻一代反对老一代，或是一个宗教准则反对另一个宗教准则，或者是一个国家反对另一个国家，而是在我们生命的根源上：我们是要继续以前的老路还是去找到一种没有任何冲突的生活方式？

要找到一种新的生活方式，秩序是必要的。秩序不是模仿或接受一种模式来作为生活方式。它不是对于更高权威的服从，无论那个权威是内在的还是外在的。它不是去遵循某种通过传统所建立的或为自己培养的生活方式。所有这样的秩序本质上都是对顺从的一种接受。当有恐惧时，秩序便不可能存在；恐惧只会和混乱在一起。于是我们所生活的社会结构从根本上在制造这种混乱。正是这个混乱让我们害怕，我们培养道德来克服这种恐惧。所以我们所谓的道德也不过是面对混乱所做的一种调整。

当我们讲到秩序时，我们是指那样的一种心灵状态，它是理解混乱的真实本质之后的一种自然的结果。它不是去培养一种新的被遵循的模式或体系，相反是去看到混乱的本质和危险。很显然，如果你依附于旧的生活方式的话，你就无法看到混乱的危险。所以看到混乱就是纪律，而不是反过来。自由不会产生于我们通常所理解的那种纪律，因为那些是遵从、压抑、服从，等等。纪律意味着学习。所以你要成为自由的门徒，没有古鲁或老师来告诉你自由是什么。所以只有当有了对自由的学习时，秩序才成为可能。这种学习是持续的自由在行动。

所以权威就结束了。当然一定会有警察和法律的权威，但不再有其他的权威。因为自由，也就是秩序，无法存在于权威的阴影中，无论是传统的权威还是一个人通过积累经验和知识而形成的权威。权威一直都是过去，而对过去的服从就是混乱。

62 | 道　德
顺从否定了美德

　　独裁政府和专制的家长都试图通过恐惧和惩罚来建立秩序。他们站在"命运"权威的位置上，按照他们的关于秩序应该是什么样的概念和传统来支配和塑造人们的思想。传统可以是一万年也可以是一天。在家庭里，权力由家长把持，而在独裁政府里，权力则通过各种各样的说服、谋杀和恐吓来实行。一旦他们获得了权力，对于政府来说，通过宣传来确立一个逐渐被接受的传统从而保证其政权的延续性是一件轻而易举的事情。很多世纪以来，家庭、教会和独裁政府都是这么做的。其中，最基本的法则就是接受、服从和顺应，一种暴君和家长都认为能带来秩序的顺从。秩序对于他们来说就是遵从那些在他们看来是个人与集体的最高利益的东西。

　　这种所谓的秩序试图在人与人之间、人与集体之间建立关系。不过这种关系是受限的。但是因为所有的生活都是关系，而强行让关系进入某种特殊的模式里必然会带来冲突。这种冲突就是对于模式的反叛，它将带来混乱，而为了克服这种混乱，权力便再一次被使用以期带来所谓的秩序。我们可以看到这种显而易见的模式在政府、宗教组织和所有政权的日常工作中运作着。这完全不是秩序。

　　秩序必来源于自由，而不是先有秩序后有自由。如果没有纪律，自由便不可能存在；但依循于权力的模式，或已有的传统，或迫于无奈的纪律，便完全不是纪律了。正如我们曾说过的，纪律是学习。学习需要一个活跃的心灵，而不是一个通过所谓的学习积累知识的心灵。学习需要注意力，但积累知识和习惯，鼓励的是涣散。习惯和知识与美德是矛盾的。是美德带来了秩序。道德是习俗和习惯，而美德不是。当我们明白了习俗、习惯的机制——不是理智上的，而是直接接触到它——那么这种看见本身便是从习俗和习惯中解放出来的要素，而这些习俗和习惯就是我们人类一直以来孜孜不倦所守卫的根深蒂固的传统，它们就是对于社会中的专制、道德以及已有秩序的接受。

所以在所有人类中所存在的那种难以抑制的去服从、去追随的冲动就是对于美德的否定。只有当作为习俗的道德消失后，行为中的美德才能与善一样绽放。所以，秩序不是为权威所迫的习俗，无论那权威是内在的还是外在的，而是一种不被环境所影响的行为上的成熟。这样的行为就是正直。没有正直的行为就没有秩序。我们对于混乱是如此习以为常，而混乱的表现之一就是冲突，以至于我们会害怕失去那种模式。而恐惧只会带来抗拒和攻击，而永远不会带来秩序。

爱不是对于快感或欲望的印象的回忆，因为这只会带来矛盾和冲突，它同样也是混乱的原因之一。爱不是壁炉上的相片或教堂里的雕塑，也不是关于性的记忆，那些都将带来习惯、习俗，因此也造成混乱。爱是正直地活在此时的行为，这就是秩序。

63 | 行　动
生活就是关系中的行动

　　毫无疑问，我们都在寻找一种生活方式，其中没有冲突的存在。人类曾在修道院中去寻找它，成为行脚僧，或者退出这个世界，到洞穴、到象牙塔里去，希望找到一种没有痛苦和悲伤的生活方式。但人类已经从内在到外在都将战争作为一种生活方式接受下来了。即便是僧人也都经受着各种挣扎，混乱和焦虑。我们已经将生活看作是战场，在那里我们不但相互敌对，同时在我们自我的意识里也是分裂的。因此我们只知道一种混乱的生活方式，以及某种只会带来更多的焦虑和绝望的行动。

　　现在我们要问到底有没有一种行动不会带来冲突。行动不是一个关于行动应该是什么的思想上的概念。行动是此时此刻的行为。行动永远不是曾经的或将要的。曾经的是对行动的回忆，而"将要的"是"曾经的"通过现在进行的投射。我们计划出一次行动并在现在执行，如果需要的话就对其修改；于是行动是过去的思想为我们所安排的。因此，行动也永远不是在现在的；它一直处在过去的阴影里。这个阴影就是记忆、经验和知识，一个关于行动应该是什么的意识形态或概念。因此我们永远没有行动。

　　这种把行动分为"过去"，通过"现在"来产生一个"未来"的结果的方式，正是思想的产物。思想是过去的产物，所以思想永远都是陈旧的。在思想里没有任何新的东西，当思想支配行动时，行动就不再是行动，而只是一个结果，一种效果。但生活、感受、关系永远是现在的，现在是指这个活跃的此刻。所以这里会一直有"事实"和"曾经的"之间的矛盾，所以这种行动将不断产生冲突。

　　当你看到我们所谓的行动的整个过程，以及由此而来的冲突，你就会问自己行动是否可以不由思想产生，而是来源于一种彻底安宁寂静的心灵状态。只有在那时，行动才不是一个结果，也因此不会产生痛苦和悲伤。

　　清除心灵中的过去就是冥想；于是行动就是冥想。毕竟，生活就是在关系里的行为活动。心灵将自己从过去的形象里解脱出来就是冥想的行动。

64 | 偏 见
关系不是一种智力上的东西

　　暴力和虚无主义正在全世界蔓延。越是高度组织的社会，就越有可能存在暴力；不合作主义，也就是虚无主义，必然不断壮大。法律无法解决这个问题，因为我们都要依赖于他人。如果一个非常特殊的群体为反对另一个群体而罢工，而这个罢工也是合法的，那么这场混乱就无法结束。独裁政府禁止罢工，而这并非良方。社会上每个特定的群体都会敌对另一个特定的群体；而当穷人看到财富时，自然也会想分得一部分。

　　所以社会上存在着巨大的对立，这导致了各种形式的暴力。法律和警察的秩序无法给世界带来和平，但为了生存我们却必须拥有和平。和平不是政治家们打造的；他们的和平只是两次冲突之间的和平。和平是在人与人的关系里的，无论他是黑人、白人，抑或是左翼的、共产党人，或是天主教徒。关系不是智力层面的。那个层面的关系完全就不是关系。关系是存在于人类理解和友爱层面的。而当行动屈从于一个智力所产生的形象，或被它所影响时，关系便会被否定。对我们来说，观念要远比人与人之间相亲相爱的关系重要得多。

　　为什么准则变得如此重要？是因为我们不知道如何去行动，于是就逃到那些我们希望能够解决问题的想法和准则里吗？杀死一只动物或一个人是暴力最极端的行动了。实际上在我们的内心里，我们都是这么认为的，却还要为我们为何杀戮寻找各种或合理或荒谬的理由。所以杀戮成为一种我们解决生活里出现的问题的惯常方式。杀戮不止是用刺刀和炸弹，还包括那些我们用来毁灭别人的态度、意见、判断和姿态。从孩童起，我们便被教以憎恨：一个家长告诉他的孩子，"别去见那个谁谁谁，他不是个好人"，或是"她不是我们的一员"，由此便种下了憎恨的种子。这整件事的不幸就在于我们是如此看重那些偏见，已有的价值观，和那些危险的东西，比如国家主义，那些我们所熟悉的不同的神。收集垃圾和代表上帝都是人们创造的专有的垄断职业，而也正是这些人成了暴力的根源。

所有这些事情，我们大多数人都知道，某些人是理智上的，另一些人情感上也很关心，但是人类好像没有办法重新开始，以一种崭新的视野来看待所有这些问题。那些反叛过去的人又会掉入另一个陷阱。这就是历史的过程：新的神灵一夜之间变成了旧的神灵。

不带感情色彩，当然也并非从智力的层面，去观察所有的这些，我们会看到那种并非源于观念，而是出自一种非常不同的心灵状态的行动是一个紧迫的需要。毕竟，爱无法被任何国家或宗教所垄断；它无法被驯化或驯养以归入家庭的框架。它是热烈且充满激情的，没有昨日的灰烬。由此而生的行动便是关系，而这也是唯一的出路。

65 | 一种不同的教育
文化的精髓就是完全的和谐

　　尽管"教育"这个词常被错误地使用，但我们却必须用它来表达世界上通常看到的实际情况。无论在东方还是西方，这个词都意味着去上学，从孩提时代到大学，取得学位，积累各种学科众多的信息——从理论物理到蔬菜的成长，从音乐到医药，等等。在目前的社会和经济结构里，这种对于记忆的培养已然成为一种必须。要在教育领域，或是政治、商业方面取得一份好工作，学位被认为是必不可少的。而要获得这个学位，你就必须顺从于这个知识体系和已有的社会或国家秩序——无论这个国家是社会主义的、共产主义的或者是资本主义的。在获取这些各种各样的知识的过程里，大脑必须记住大量的事实、经验和传统。我们用很多年的时间来吸收知识，再将其应用于实践，在这个过程里，大脑不可避免地会被制约，也因而变得麻木，尽管它能够在有限的范围里自由的运作。整个生活的目的就是要养活自己，顺从于一个模式并生活在已知里。

　　大脑的使用被禁锢在知识的范围里，也就是已知当中。已知就是过去，也就是知识，并由此建立起现在或是未来。无论知识是多么的复杂或精妙，它一直都局限在时间、已知的领域里。思想植根于过去。思想可以走得很远，去探索很多领域，探索过去、未来、抽象科学或是人类学，它也可以探索太空。

从孩提时代起，我们的大脑便被训练去竞争，去崇拜成功，野心勃勃，而这也给了"我"、自己、自我以重要性；所以合作的本质被毁坏了。这就是我们通常所说的教育，甚至是那些更高形式的教育，它能给人们带来社会地位，因而这种教育的重要性已经超越了纯粹的功能。纵观整个世界，这就是所谓的教育，因此我们不禁要怀疑和质问这个词。

文化是某种完全不同的东西。这个词不只意味着知识的培养，还意味着完整的人的精髓，无论内在的还是外在的。这个区分是人为的；完全的和谐才是真实，在那里没有区分。现代世界的文化正在快速地衰退，因为它正在消失，它正在被知识而不是智慧所取代。文化的精髓是完全的和谐。和谐是宗教之心的根本核心。没有宗教便没有文化；但这不是指那种作为"有组织的宣传"的宗教，事实上所有的宗教都是如此，也不是指个人去寻求某些浩瀚的体验。宗教之心不是基于任何信念、信仰或权威；它是自我的彻底消失。在任何文化崩溃的时候，性、古鲁和权威以及他们的追随者都会兴起——就像一个腐败森林里潮湿地带的那些蘑菇——那时传统和书籍变得无比重要。这就是人类内心深处正在发生的事情，我们会去追逐奇异的神秘主义，令人愉悦的幻想，自我投射的神和救世主。当知识和已知变得无比重要的时候，心灵便会去寻求神秘，追逐别人的体验并去创造新的众神。

文化是通往真实之门，它不是哲学、心理学或是分析。没有宗教之美，文化便没有意义。就好像是一朵可爱的花没有芳香，而我们把花撕碎来寻找芳香。

爱是和谐，它无法被培养，但知识可以，所以在已知和观察的和谐之间就有一道不断扩展的鸿沟。看就是做，但是由于知识，具有时间性，所以会阻碍立即的行动，而宗教之心则有着立即行动的品质。

　　另外一种教育是必要的。它不再是仅仅对于记忆的培养，以及所有那些对于强迫、服从、模仿的强调，这些都会导致暴力，而是关于人的完整的文化，在那里"你"和"我"消失了，同时也不会被国家或某个新的圣像所取代。这种不同的教育会关注知识、自由、"事实"，以及去超越"事实"。

　　智慧不存在于任何本书中，也不存在于知识的完善中。它存在于学习的自由运动里。学习没有止境，而智慧是苦难的终结。

66 | 根本的自由
没有责任便没有自由

自由是生命中最重要的因素之一。全世界的人们都曾在政治上为自由而战。各种宗教也许诺自由，不过不是在这里，而是在另一个世界。在资本主义国家，个人有着某种程度的自由，而在共产主义国家里，它是被否定的。从古代开始，自由对于人们的意义便非比寻常，并且也便有了它的反对派，不只有政治上的还有宗教上的——通过宗教裁判所，经由逐出教会，酷刑和流放，以及对人类寻求自由的彻底否定。曾经有为自由而战的战争和反战。这便是历史上人们为自由进行努力的模式。

在世界的某些地方，自我表达的自由、演讲和思考的自由是存在的，而在另一些地方却没有。那些被制约的人抗拒环景，用不成熟的方式做出反应。这种反应，采取各不相同的方式，被称为"自由"。政治上的反应经常是避开政界。经济上的一种反应就是基于某些意识形态或在某个人的领导下形成小的社区，在那里权威被否定，并试图做到自给自足。不过这些社区一般都会瓦解。对于已有信仰组织的宗教反应便是反叛，或是参加另一个宗教组织，或是追随某个古鲁或领袖，或者是参加一个类似宗教的组织，又或者是否定整个的宗教所为。所有这些不都是人们向往自由的外在运动吗？我们把自由看成只是活动的自由——身体的活动或思想的活动。我们似乎一直在追求表面上的自由，从这到那的权力，想所欲想、为所欲为的权力，去选择、去追求更广阔的体验的权力。毫无疑问，这只是非常有限的自由，带着大量的冲突、战争和暴力。内在的自由是完全不同的东西。当有了深刻的、根本的自由的时候，当扎根于自由的真实而非自由的观念时，自由便会遍及人们所有的活动、所有的努力。没有这种自由，生活便始终都只是局限于时间和冲突的小圈子里的活动。

所以当我们谈论自由时，我们谈论的是一个根本的话题。它不是从某样东西里解脱，而是自由的头脑和心灵的一种品质，在那里不存在方向。从什么中解脱出来只是对"已然"的一种调整后的延续，因此它不是自由。如果有方向和选择，自由便不会存在；因为方向就是分割，因此也便有了选择和冲突。

个人的自由是不存在的，只有自由。"个人"这个词从根本上来说是不可再分的意思，而不是与集体相对的一个实体。但我们创造了个性这个概念，带着它特别的属性、倾向等等，这是人们的制约的反应，我们将它置于集体的对立面。这个制约就是文化的一部分——经济的、社会的等等——心灵所受的教育也来源于此。自由是超越于这个制约之外的，它不在意识以及它的内容的范围里。超越于制约之外的责任与所谓自由的责任是完全不同的。

从当代社会的文化里，无论是东方的还是西方的，我们会发现一个被制约的心灵的责任是毫无责任可言的。这种不负责表现在教育里，表现在社会的不公正里，同时也表现为国家被不同的意识形态所分裂，从而导致了竞争、战争、饥荒、富有和贫穷。有组织的宗教的不负责表现为他们对于这种文化的支持和维护。这些宗教宣扬道德，却维系腐败。

宗教间彼此对立，都宣称只有他们自己才掌握真理，也只有他们的神和救主才是真的。这种不负责表现为在人与真实之间被放置了一个代言人。这种不负责表现为庙宇、清真寺和教堂成为世上的一种权力。

有了自由，责任的意义就会完全不同。责任不会否定自由——它们是相伴相随的。当有了深刻的、根本上的、真实的自由的时候，责任所关注的便是整个生命，而非其中的一小部分；它所关注的便是整个活动，而非某种特殊的活动；它所关注的便是头脑和心灵的整个行动，而非某个特殊的行动或方向。自由就是完全的和谐，责任自然会在其中出现，就像田野里的花朵。而那个回应不是被引诱或强迫的，它是自由的自然表露。没有责任就没有自由。从自由中对每一个挑战做出回应，就是责任。而不充分的回应就是不负责任。一个在因贪恋而依赖的心灵会变得对整体不负责任。

所以自由就是爱，出于其本质，它会对路边的花负责，会对邻居负责，无论那个邻居是住在隔壁还是千里之外。

慈悲就是自由的真正本质。

67 | 关 系
关系就是社会

　　自由不是一样你可以着手去寻找的东西。它也无法被培养。否定了那些不是自由的东西，自由自然会出现。它不是一个反应，这是一个我们必须了解的基本事实。对"事实"的反应是"事实"另一种形式的延续。它可以被修改，以不同的方式被构造，也可能被合理化并使之发挥某些功用，但这不是自由。这种反应也许表现为意见、评价、判断，但这不是自由。对于旧有秩序、传统和各种不同形式的权威的反应，这不是自由。出于你特别的倾向，癖好或个性所做出的反应，这不是自由，那只是自我的局限所做出的一种反应。如果你过去被教导要去克制，接受控制，去服从，而作为对此的反应，你选择另外一些方式，令人愉悦或难受的，神经质的或理性的，这不是自由。从一种正统观念到另一种，从一种信仰到另一种信仰，从一个权威到另一个权威，无论它是多么令人舒服，这都不是自由。把一种意识形态换成另一种，这与自由无关。为所欲为只是一种想象中的自由。坚持自我的个性，或把自己的欲望与某种浪漫、神秘而又伟大的事物相认同，这不是自由。

　　自由是对这一切的理解，不只是言语上的，而是确实超越了所有这些东西。这就是为什么去清晰地观察那些反应是那么重要了，它们披着自由和经验的外衣不断重复出现。通过对于这些反应的否定和超越，一个人才能面对真实，面对"事实"。"事实"就是关系。

关系就是社会，这个人类所制造的社会。是你和我制造了这个社会，我们要对它负责。它是我们的社会，而不是"他们的"。它不只是由你的父母所创造的，你也要对它负责。作为人类的一份子，你正在创造这个社会，你也是这社会的一部分。所以你就是社会，你就是世界。

正是你与他人之间的关系，你的行为，你的冲突，你的野心，你的竞争，造就了我们的生活结构。理解这一点是非常重要的。不是智力或语言层面的理解；理解就是行动。不是先理解再行动，它们是同时的，一起的。这种关系不只是你和你的密友、你的邻居之间的关系，还有你和千里之外素未谋面的人之间的关系。关系的责任是巨大的。你的生活之中无法脱离关系；生活就是关系。一个人，无论他是多么想要孤立自己，出于某些神经质的或别的特殊的理由，但他仍在关系之中。

所以关系是重中之重。而如果你的日常活动是以你自我活动为中心的，那么这里便没有关系。如果你因为曾经所受的伤害，或是无法获得你想要的，又或是因为你在试图以某种特别的活动来满足自己，而在自己身边建立一道围墙的话，关系便不会存在。如果你将自己拴在一个强烈的信念或结论上，无论它是来自别人的还是你自己形成的，关系便不会存在。如果你属于某个团体而反对另一个，或坚持某个基于理智或不理智结论的行动，关系便不会存在。如果你有了一个关于自己或他人的形象，关系便不会存在。那个形象可能是基于你的知识、经验，而这些形象，无论是传统的还是自己的，都会将你与他人分开。只要有任何形式的分别，国家的、宗教的、经济的或是社会的，你自身就会有冲突，并进而与这个世界发生冲突。哪里有冲突，哪里便没有关系。

爱没有冲突。当爱变成了快感，便开始有了冲突。欲望不是爱，而在欲望的满足里，爱被否定了。

关系不仅是人类之间的，还有与自然、与树木、与动物之间的关系。当我们与自然失去联系的时候，我们便失去了相互之间的联系。当你失去与鸟类，与害羞胆小的鹌鹑的联系时，你就与你的孩子和路上的行人失去了联系。当你杀了一只动物来吃时，你也在培养自己的不敏感，而那会让你去杀别国的人。当你与生命巨大的运动失去联系的时候，你便失去了所有的关系。那时你，这个自我以及它所有绚丽的渴望、要求和追求，将变得无比重要，而你与世界之间的鸿沟将在无尽冲突里越来越宽。

所以关系和自由是一起的。对非关系和非自由之物的否定将带来一种完全负责的行动，而这便是爱。

68 │ 权　威
自由里没有权威

　　自由带有它自己的创造力，这与由冲突而产生的创造没有任何关系。如果心灵是被制约的，就不会有自由。制约是社会、经济或宗教文化的结果。当心灵受到制约时，它就只能在一个非常有限的特殊领域里发挥作用。这种功能，无论它是高技术的还是一种在受限领域里的活动，一般都被称为创造力。这种受限的运动会产生属于它自身的能量，而这种能量在文学、科学、音乐和各种学科里得到表现。

　　但所有这些仍在一个被局限的领域里，无论它是宽广还是狭窄。这种行为创造了一条被人们接受和遵循的道路，但它仍然处在制约的范围里。人们在那些有限中寻找自由，而对于这种自由的运用就被称为自由意志或选择的自由，但它仍是被制约所指导或塑造。就好像一个监狱里的人在围墙里寻找自由，不管监狱是狭小是宽敞，那都不是自由。

　　自由是某种完全不同的东西。它是对于制约的理解，包括语言和非语言上的了解，从而心灵超越了那些局限。这种自由不存在于书里，也无法在其他人那里找到，它并非是一个理想。它无法通过练习或纪律来换得，因为练习和纪律意味着认可和权威。在这种自由里，没有方向也没有权威。这种自由是智慧，而且也是负责的。它不为境况或事件所支配。自由是对整个由思想围绕自身建造的监狱体系的彻底否定。这种否定本身正是自由的肯定的行动。这种自由无法在混乱之处存在。正是外在和内在的混乱使得权威、独裁者、统治者成为必须。

自由里没有权威。它永远不知权威所在。这不是对权威的反对，而是根本不存在权威。权威和法律，内在和外在的，都是思想的造物。外在的权威，有时理性，有时荒谬，有着它的位置和责任；我们不能无视它，但自由的智慧明白它的局限性和必要性。内在的权威，更加的微妙和深藏，更加复杂得多。指导方针，看起来是给了确定性和担保，成了一种模式、准则，而这些变成了权威。这个权威也许来自传统，一个人，一个符号或一个理想。心灵有意识或无意识地觉知到它自身的困扰与混乱，造就了外在和内在的权威。一个混乱的群体很快便会找到它的领导者，而他便去指导和控制它。对于这些的反应不是自由。对于混乱和困扰的本质的理解以及对它们的超越才是自由。

对于权威的接受的起因是困扰和混乱，而结果就是权威，对此反应便是服从或是否定。恰恰是这个否定又形成了另一种形式的权威。哪里没有自由，哪里便一定会有权威。这带来压抑、控制或是逃避，而正是这个运动最终导致一个原则或信仰，一个具有支配性的标准。原因永远不会恒定，原因成为结果，而结果成为下一个原因。当对这些有了清晰的理解之后，不是智力上的而是实际上的，那么对于这条因果链的否定就是自由。知识有着它自身的权威：经验和记忆。然而只要你还停留在那个领域里，自由的创造性的运动就无法存在。自由是空间，而空间是秩序。

69 | 强　迫
没有强迫的学习

　　有混乱，便不会有自由。混乱催生权威，而任何形式的权威都是邪恶的——如果我们可以使用"邪恶"这个词。哪里有自由，哪里就不会有混乱和秩序的缺失，但混乱的心灵却一直在寻找自由。这样的心灵按照自己的困惑来定义自由。一个混乱的心灵，去寻找自由或者宣称自由，都是没有任何意义的。混乱的心灵只会招来权威所强加的各种形式的纪律——政治的、宗教的、社会的等等——政治的独裁和宗教的教条。

　　我们受教育是为了什么？是为了让心灵符合前辈所设定的模式，还是去了解和超越我们整个内在和外在的混乱的生活结构？是仅仅为了获取知识还是要让我们从混乱中脱身并创造一个新的社会？

　　如果我们认真地思考这个问题，很明显，教育是要带给心灵彻底的自由，这样它不只能够让自己的生活秩序化，而且正是在这个过程里，也将建构一个不同的社会结构。这种行动不是来自一个固守于某些特殊的行为，或某种特殊信仰、理想的心灵，也不是受环境影响而产生的行动。

　　我们关心的是教育以及如何带来秩序却没有强迫。哪里有任何形式上的强迫，明显的或隐晦的，哪里就有服从和模仿，而且还将滋生恐惧。在这些学校里，我们的问题是如何去教育而没有任何形式的权威和强迫。了解了权威是如何产生的以及强迫的种种影响，一个混乱的心灵如何才能无须努力，自然而然地从它自身混乱里解脱出来呢？学生们来自混乱的家庭和社会。他们自身是困惑的、不自信的。他们从他们的局限出发来做出反应。他们的反叛——他们叫那自由，其实是他们困惑的回应。这就是学生们的状态。他们想要安全、友爱，但而有了强迫这些就不会存在。在他们焦虑的反叛里，他们拒绝的不只是带有权威感的"纪律"这个词，还有任何形式的强迫。他们越是敏感，他们的反应就越激烈，不幸的是，他们的反叛多以肤浅的方式表现。

"教育"不是一个恰当的词，但我们不得不去使用它来表达这样一个意思，那就是在所有的关系与行为中对人类心灵的真正培育。这种对于头脑和心灵的培育是我们的责任。

学生来时就是受限的，而基于那个制约他所做出的种种反应就是他的脾性、特点、他所要满足的愿望。教育者，同样受到他自身特点的限制，所以在他与学生的关系里，他的责任就是必须意识到自身的局限以及学生的局限；所以他们是一起在接受教育。如果教育者自己的个人生活就是一团糟，而对外做出井井有条的样子，他的话就没有任何意义。当他告诉学生要有秩序时，他就是一个伪君子。所以教育者和学生一样都需要教育。这是最重要的行动——双方都在学习——而在这种关系里权威的精神也便不会进入。当对此有了深刻而又清晰的理解之后，我们一定会建立一种新的关系，在那里强迫和服从都将黯然离去。

那些本就困惑混乱的学生如何才能在没有强迫的情况下学会有秩序呢？秩序是必要的。秩序表现在行为里。秩序是宇宙的本质。自然中蕴含着秩序。只有当人们干预自然时，才会有混乱，因为人类自己是混乱的。秩序是美德的行动。秩序是爱。当有努力或矛盾时便没有秩序。秩序是最高形式的智慧。智慧不是智力；它不是意见与结论上的反对；它也不仅仅是推理的能力，无论那可能是多么的符合逻辑。智慧是最高形式的敏感，包括内在的、外在的、对人的和对己的。

这样的智慧如何才能觉醒？很明显不是通过任何方法或体系。只有当年长的和年轻的都意识到他们的这个世界、自然和他们自身的活动，都意识到这世界上正在发生的事情以及他们自身内在的反应，它才可能发生。这种觉知不是一种可以练习并进而变得机械的东西。一个人开始注意到他自己心灵和身体的全部活动，他坐、站、走的方式。一个人开始听到他的声音和词语的意义，他的意见和态度，那些眼神和手势的语言，行为的语言，以及它们对别人的影响。所有这些都意味着对于以自我为中心的动机和活动的一种觉知。

我们已经从逻辑上将自己和世界分开。这种分离只是语言上的而非真实发生的。实际情况是我们就是世界，世界也就是我们。我们尚未完全意识到这一点。我们可能理智上接受这种想法，但实际上没有。同样，我们将自己分成身体、心灵、情感或情绪。我们从未将自己看作一个整体。这种分裂是由思想所引起的，而通过思想来达到这种觉知是不可能的。在这种觉知中，对于自身欲望的认同和选择消失了，于是年长和年轻的都在学习生活。觉知不只是在教室里，也在餐桌边、操场上。当我们独自穿过田野，或静静地坐在自己的屋子里，都可以对它进行学习。从这种敏感的觉知里便会诞生智慧。

我们如何去传达与保持这些呢？很明显，通过对它的讨论，通过观察发生在身边的事以及自身的反应。这种智慧将带来秩序。当这种觉知在运行时，守时、行为、礼貌、尊敬，所有一切都成为一件很自然的事，既非自我约束亦非外界强迫。教师和学生成为一体。因此观察者就是被观察者。当这种关系被建立起来——只有在有智慧的品质时，这才会发生——才有可能诞生心理上完全不同的人类。

这些学校就是为此而存在，使之成为现实是我们的责任。

70 | 纪 律
学习就是纪律

看看你的周围，在自然界里，在天上，有着一种非凡意义上的秩序，平衡与和谐，这在人类的世界里是不多见的。每一棵树、每一朵花都有着它的秩序、它的美；每一座山峰和每一个峡谷都有着它自己的韵律和沉稳。尽管人们试图去控制河流，也污染了河水，但它们仍有着自身的流向，有着它们自己深远的流动。抛开人类不说，在海洋里、在天空中，在宇宙的广阔深处，都有着一种非常意义上的纯净和秩序的存在。虽然狐狸要吃鸡，大动物以小动物为食，这看起来似乎残忍，却也是宇宙中一种有序的设计，而人类是个例外。当人们不去干预时，便会有平衡与和谐的巨大的美。这种和谐只会存在于自由里，而不是在限制和冲突中。

自然界里的每样东西都有着它的季节，它的死亡和重生。只有人类生活在困惑、冲突和混乱里。如果你曾去树林中观察，会发现所有的生命都有着它们浑然天成的生活方式，它们自己的生命形态，起于无始之前亦将永远延续。但是人类却被他的自私所塑造，他的所谓的自发性仍旧盘踞在自我兴趣的天地里。他被他所生活的文化和环境所塑造和控制。社会告诉他去做什么；老一辈试图去塑造年轻一辈的心灵，让他们去服从、去顺从，他的内在和外在都只是活在一个狭小的空间里。改革也无非是打破一种模式而投向另一种模式。我们的生命转瞬即逝，却充满了冲突、恐惧和悲伤。只有在我们非常年轻时，才会看起来是那么的快乐和无忧无虑。而所有这些又会很快褪色，于是生活又开始出现那令人厌倦的冲突。

所有这些混乱里，既没有自由也没有自发性的秩序，因为自由具有巨大的自发性。在社会、家庭和学校里，如果没有秩序就不会有关系。然而我们想要的关系实际上只是一种对别人的执着，而缺少一种内在的和谐、完整和健全感。如果你路过练兵场，你会看到那些可怜的士兵通过鼓声和军官的口令日复一日的操练，而他们只是去顺从、遵命和跟随。他们被制造成了杀戮和保护自己的机器。同样类似的，我们从孩提时就被训练，通过听命于老人或新人来保护自己。这种训练在办公室、车间、教堂和学校里不断发生。这就是所谓的秩序，这就是大多数家长所关心的。这种事持续了一代又一代，而两代人之间的间隔不过是一个新模式形成前的空隙。

拥有秩序而又没有努力，没有那种把秩序看作必要的人和反抗任何形式的强迫的人之间的斗争，难道这是不可能的吗？是否存在一种没有服从的秩序？是否有一种行动不会陷入例行公事和索然无味？这就是我们的关系世界里的问题之一。每一个聪明的人，无论老幼，都会明白秩序是必须的：起床、学习、玩耍，等等。如果你想成为一个好的高尔夫球手，你必须以某种方式挥杆；如果你想成为游泳健将，你必须学习击水。学习如何成为一个好的高尔夫球手或网球手，会带来他自身的有控制的运动。这种控制不是为任何人所强迫的，而正是手臂和身体无比有序和微妙的运动。每一个行业都有它自身的纪律，而学习就是纪律。

"纪律"是一个不幸的词，它里面暗含着操练、练习、服从、制服、限制和与懒散的冲突。而纪律在字典上的意思是学习——只是学习，而没有别的。如果你不想去学习，那么你的家长、学校、社会会强迫你去服从，而不管你是否愿意。无论这个社会有多新，它都会强迫你去适应。宗教就是通过恐惧和回报得以兴盛。你要么通过自发的兴趣来学习，要么是被驱使、被强迫去学习。而当你是被强迫学习时，你的知识就是死的，而你也只会死板地去使用你的知识。那时你就会抱怨生命没有任何意义，你试图通过各种幻想，通过白日梦或玄妙词句来逃避它。夜总会、周末的消遣、假日，你用这些无关紧要的事情来逃避。你把自己的生活变得险隘，局限于家庭和它所带来的责任，以及无休止的工作和身不由己当中。

没有奖赏和惩罚的学习完全是另一回事。如果你明白了这个并对此看得很清楚，你会发现，在你踢足球、打板球，或学习一个科目时，学习是释放你的心灵而不是去塑造它。知识本身塑造着心灵，心灵也变得老化。学校和大学都在使心灵老化。它们使你习惯于遵从，而知识变得无比重要——不是学习，而是获取知识。是这个陈旧的心灵在顺从，而不是一个不断学习的心灵。在这种学习里，有着自由，其中知识在需要时会被使用。我们有百科全书，我们有电脑，所以不要让你的心灵仅仅成为过去的仓库。这就是秩序。

问：你的意思是不是说我不必去获取任何科目的知识，我不必去学习？

克：完全不是。当你提那个问题时，它的背后是什么？你不想去学习是不是因为它让你感到厌倦？还是你在问——如何去学习，也就是如何去投入注意力？当你不想投入注意力时，就不去投入注意力。重要的是你的心灵永远不要被冲突所塑造，重要的是要不要投入注意力。在要不要投入注意力的问题里暗含着冲突。如果你想看看窗外，那么你便完完全全地去看窗外，摆脱对自己说必须看书所带来的冲突。用你的眼睛、耳朵、头脑和心灵去看窗外。然后当你看你面前的书本时，无论它可能是哪个科目，用你看向窗外的那种方式去看它。如果你摆脱了冲突，你就能做到。这就是你首先要学的：在任何环境下都不要陷入冲突。因为你已经学会了自由地看向窗外，没有任何的限制或者强迫，你也会以同样的方式来看书，因为这就是学习。这些都是学习：看向窗外和看书。学习摆脱冲突，不是不理冲突，也不是允许自己什么都不做。

问：如果我摆脱了冲突，我就可以做我喜欢的事了。

克：你真能做你要做的事吗？你所要的难道不是一个反应，一个对你曾被告知去做什么的反应吗？你所要的是超越你所生活的社会框架的吗？你所要的只是对你某种快感的追求。那时你就会发展出一种生活的双重标准。私下里你追求快感，而对外你被你所生活的文化所强迫去屈从于一种体面的方式。所以你的冲突在不断增长，想要快乐却无法获得，或者是获得了也付出了代价。很明显所有这些都维系了冲突。对冲突进行学习就是去了解快感的整个行为模式。

问：你是在否定我的快感吗？

克：正相反。如果我否定了你的快感，你会为此而战，你会变得充满攻击性。你会去寻找一种方式来满足你的快感，而你将再一次陷入冲突之中。我们总是陷入奖励与惩罚之间，那就是恐惧；学习它就是从冲突中解脱。

问：你是说纪律是错的？

克：不，我们没这么说。

问：那我们为什么会有规则？

克：你听了关于纪律这个问题的讨论吗？还是你只是听了你喜欢的那部分？如果你只听了一半，就只会得出一个结论或想法，然后将按照那个令人愉悦的指示来行动或不行动。我们说秩序是必要的。整个宇宙都在秩序中运行，除了人类。人类使自己活在这种矛盾的状况里，也因此造成了他所有的痛苦。请以一种不同的方式来看待所有这些，不是从愉悦或是惩罚的角度，而是看到一种生活的方式，在其中任何形式的冲突都终结了。你必须去学习这些，而正是这个学习创造了它自身的秩序。

71 | 理　智
自由就是在日常生活中保持理智

　　自由这个词已经被用滥了，以至于失去了它真正的含义。尽管我们在学校和大学里，在政治和宗教中，不断地谈论它，我们却并不是真的想要自由。我们想要的其实是在我们生活方方面面中彻底的安全。我们反叛权威，但我们的反叛实际上是在表达我们对于身份与行动的需求。自由是一个危险的东西。自由是从内在和外在的痛苦、困惑中彻底解脱出来。对于观念的结构和基于这些观念的行动的彻底否定，才是自由。它不是个人极度自私的表现。对此的否定，真实的而非语言上的，才是自由。独立而不孤立就是理智。理智意味着健康、完整和神圣。在这种状态里没有失衡。这就是自由。

　　这种自由不是一个想法，一个概念，而是在日常生活中保持理智。不理智的行动是一回事，而理智的是另一回事；它会导致善的绽放。如果你观察你所处的这个世界，你会发现到处都是不理智：母亲们将儿子送往战场去杀戮和被杀；宗教的和政府的分歧以及他们的冲突和腐败；一面谈论着和平一面又准备着战争；因为古鲁和精神分析师们，人类才被不断地划分为各种类别和气质。不理智有着它自身的行为，那是矛盾的、模仿性的和分裂性的。现存的教育屈服于这种不理智的模式。而"我"和"你"的行动就是腐败的根源，无论它被冠以社会、国家还是上帝的名义。教育就是让我们离弃这不理智的心灵以及它的行为。

那么什么才是理智的行动呢？因为我们是以行动来参与生活的：生活就是关系里的行动。不存在"你的行动"和"我的行动"。如果有的话，那就是不理智在我们当中的运作。人们把行动分成无数的种类，分成头脑里的不同类别，而这个头脑本身也是支离破碎。

所以只有行动，而不是艺术家、作家、政治家等等的行动。当行动被人为地分成各种类别，腐败便开始渗入。如果能很清楚地了解这些——那就是，当你看到它内在的真相和实际情况——那时的行动就是出于完整。那么你所致力的就不是一个特定的行动系列，而是投身于整个生命，而那才是行动。当你投身于某个特定的行动时，也许它会给你满足和自我展现，然后你会发现那些行为将会导致自我矛盾，进而浪费了能量。行动的总体在本质上是不矛盾的，因此它会释放出巨大的能量。因此行动就是完全的不动。

我们必须再次指出，这些不是语言、想法和理论上的抽象，而是事实。事实或"事实"的行动，是完全不同于思想的行动的。对于大多数人来说，思想要远比行动重要得多：概念和行动是两样不同的东西；两者之间有个间隔，而在这间隔里的是时间和对行为的界分，因为行为试图要调整自己去符合思想、概念或是准则，因此就有了冲突。冲突就是这种思想和行动之间的分隔。

哪里有理智，哪里就有行动而非行动的想法。我们培养了智力，所以智力变得无比的重要——智力去设想、规划、回忆、计算、想象。当这些运作时，便一直会有遗憾或宽恕，以及对于因果的依赖。在这里面，一个有原因的行动变成了那个更早原因的结果，那个原因是有动机的，而这个行动又会变成另一个行动的原因。

哪里有理智，行动便与未来无关。没有"我将要做"或"我要试试"，有的只是"正在做"，而它没有时间，没有明天。因为爱没有明天。明天只会存在于出自思想的行动中，而要在行动和概念中间架起桥梁，你需要时间。所以对于这样一种行动，就一直会有明天，以及所有它的遗憾、挫折和不完整。

所以你开始去观察行动是什么，不是根据某人的说法，那样他就成了一个被追随的权威。当你自己看到这整个的真相时，行动就有了完全不同的意义。明天完全消失了，但是明天仍存在于你日常的安排和计划里；只是这个计划是包含在整体里的，而不是与之分离的。

有"思想的行动"和"没有思想的行动"。思想的行动有着它的位置，但它无法导致善的绽放。没有思想的行动却可以。思想不会滋养爱；它只会滋生满足、快感，和以自我为中心的活动，而这些与爱和善良无关。行动的完整就是爱。

问：你是在说我们一定不能和别人做雷同的事吗？与别人做一样的事是种乐趣；它给我一种相伴的感觉。它使交谈变得更容易，而且陷入某些麻烦同样也是乐趣。难道我们不应该试试有点小麻烦是什么样的吗？大部分人都会陷入一些麻烦。难道我们不会从中学到一些东西吗？

克：教育是为了使你敏感，不只是对自己的愿望、幻想和麻烦，同时也对别人的这些事情敏感。如果你只是模仿、抄袭别人所做的，无论它暂时可能是多么的令人愉悦，你有可能是敏感的吗——也就是说具有高度的智慧？智慧会让你陷入麻烦吗？而从麻烦里能学到什么呢？你可能从店里或朋友那偷点东西，结果进了警察局。那是一个敏感的、智慧的行动吗？从这麻烦里你学到了什么呢？要么是再也不碰这些事，要么是你得到了刺激、兴奋，而你从一个刺激到另一个刺激，不断地寻找更多的兴奋。从那里你又学到了什么呢？

你是否学到了相伴的含义，也就是为了你的自尊感，你不得不依靠别人，来掩盖你的不足，你在这里被需要，而在另一个地方不被需要？你是否真的对此进行了学习还是只是把"学习"这个词作为你渴望刺激的掩饰？一个人必须拥有乐趣，一个人必须能笑，能与别人交谈，但那必须源于你的内心，那就是年轻。一定要向自身之外寻找乐趣将会带来各种麻烦，而这就是我们所生活的世界不理智的一部分。就像是去庙里或教堂里去寻找神。可能你没去过，但你想要从外界寻找你的小小刺激。它们都是一样的。如果你是真的在学习，那么它就在此处而非别的地方。

问：我不确定我是不是够聪明，能理解所有你所说的。我无法反驳或者是同意，但是在某个地方，你谈论它时的认真感染了我。不过我觉着那还不够。我的心灵如何才能变得对所有这些足够敏锐？

克：这完全与聪明无关。那是个可怕的词。它里面包含大量的狡猾，轻微的欺骗，它是一丝虚伪，一种做作的行为。你不需要一个聪明的头脑。如果让我说的话，你实际需要的是观察、倾听的能力；去观察而没有所有那些观察背后的喧闹，那些意见的噪音，那些合理化的解释和谴责。你可以非常简单地观察微风中的一片树叶；你可以观察屋里的一只飞蝇；同样你也可以观察你的行为，你为什么做这做那，你为什么会受伤，你为什么要储存这个伤害，你为什么屈服以及你为什么固执己见。只是观察和倾听而不带任何喜欢或厌恶的咕哝。

你知道，要做到这样你就必须投入注意力，而对此的学习就是注意力。而在这里面有着巨大的乐趣，远远超出你的想象。那乐趣来自它自身并且是真实的，而其他的乐趣则枯萎消逝。

72 | 秩序和自由
秩序是新事物，也就是智慧的行动

　　自由是绝对的秩序：自由和秩序不是相对的。你要么是自由要么是不自由，要么你有着完全的秩序要么就是混乱。秩序是和谐。看起来无论内在还是外在，人类都喜欢生活在混乱里。看看政治。所有的政府都是腐败的，有的好些，有的差些。执掌它们的人自己就是混乱的，带着个人的敌意和自大心理，野心勃勃、欺诈成性。所以会有经济上的战争、巨富和赤贫以及在贫困中挣扎时所产生的种种苦难。

　　你可以在教育里看到这种混乱，重视记忆也就是知识的培养，而忽视了人整个的心理结构。你可以看到这种混乱，它表现为一群人杀死另一群人，一边谈着和平一边又准备着战争。科学已经成为政府的工具。商业和开发正在毁掉地球，污染空气和海水。

　　所以从外在看，你的周围到处是混乱、困惑和巨大的痛苦。而内在地看也是一样，人们并不快乐，过着矛盾的生活，不断争斗，陷入冲突，寻找安全但却从未在信仰或是他所占有的东西里找到过它。在生活和死亡里充满了悲伤。人们内在的混乱带来了外在的混乱的结构。这些都是很明显的事实。尽管我们谈论着自由，但很明显，似乎很少有人遇到过它。

　　教育首要的是为我们的日常生活带来秩序并让我们理解生命的整个含义。要理解秩序并活在秩序里需要最高形式的智慧，而我们并未受过这样的教育。我们主要关心的是获得知识，并将此作为一种生存的手段，充满矛盾地活在这个混乱的世界里。

秩序是一种不同寻常的东西。它有着它自身的、不依赖于环境的美丽和活力。你不能对自己说你将以你的方式、你的行动和你的思想来变得有序。如果你那样做了，很快你就会发现那只是创造了一种行为模式，而它也将变得死板。这种在思想里或行动中——所以也在行为里——死板的习惯是混乱的一部分。秩序是极其柔软、精妙和敏捷的。你无法将它放入一个框架，再努力依照它去生活。模仿其自身就是混乱和冲突的原因之一。你无法给秩序的运行定出规则。如果你那样做了，那些个规则就成了需要遵守和服从的权威。而这又将带来人类的苦痛。

还有一种人，他必须让身边每样东西都井井有条，不许有任何的差池。对他来讲，秩序就是每样东西都排成一条直线，而如果这条线被扭曲或忽略，他就会神经质般地被激怒。这样的人生活在自己神经质的牢笼里。世上各种各样的僧侣和苦行者都训练他们的心灵和身体去顺从；他们的神只能够通过严格的信仰和接受才能够接近。纪律成了习惯的训练，借以美德的名义，国家的名义，上帝、和平或随便什么名义。

所以你会发现在你每日的生活里所有这些都包围着你。你陷入其中，你成了它的一部分。你可能否定纪律，否定秩序，然后坚持某个你认为是自由的想法，但正是你的那个概念是对自由的否定。自由不是一个概念，一个想法，而是一种真实。它是非言语性的，不是一个像反应一样是被思想所制造出来的东西。对于我们生活中的混乱的彻底否定就是自由。

那么什么是秩序？按照字典的解释是一回事，按照你个人的推断、喜好和脾气是另一回事。我们关心的是那个词在字典里的意思而非你所认为的那个意思。我们是客观地考虑它而非从你个人的反应出发。对于任何事的个人观点都将歪曲"事实"。重要的是事实，而不是你对"事实"的看法。当你以个人的、受限的反应或意见来看待生命的整个运动时，那你就把生活分成"你"和"我"；"你"是外在，而"我"是内在，所以冲突就诞生了。这种破碎就是内在和外在的混乱和冲突的主要原因。秩序来自不被思想所破碎和分裂的心灵。

思想的秩序是一回事，而完整的心灵秩序则是另外一回事。一个会导致伤害，而另一个将会带来善的绽放。思想的秩序，比如法律，有着它自身的位置，但在行为和关系里，思想的秩序就成了混乱，因为思想是碎片的活动。思想将人们按国家、宗教派别分割为"我们"和"他们"，共产主义者和非共产主义者。没有不用语词、形象和符号表现的思想。它已将人们划分。是思想建立了这个怪物一样的世界，而我们又试图通过思想来创造一个新世界，却没有意识到正是思想本身带来了下结论、分裂和冲突。

完整的心灵秩序是一种完全不同的东西。不过这时困难就来了。当你听到这个陈述时，你将它转化成一个思想的过程，所以对它的阅读是一种抽象。对这个陈述做了一番抽象之后，你就开始试着将它和你记忆中已有的抽象相匹配。当没有相匹配的东西的时候，你就说你不明白这个陈述的意义。如果相互一致，你就说你明白了。所以要去觉知你心灵中所发生的事情，思想的介入是那么地快速，以至于你从未在没有过去负担的情况下去听或者读。知识就是过去。知识有着它的实用价值，但当知识被用在我们关系中时，就会造成困惑、冲突和悲伤。

所以秩序就是新事物，也就是智慧的行动。

现在让我们回头来看看所有这一切。我们说绝对的秩序是自由。而绝对的秩序只有当你身上任何一种冲突都终结的时候才会存在。当有这种秩序时，你不会去对这个世界上的混乱提问。只有当你就是这个世界，而这个世界就是你的时候，你才会问这个问题。当你不再属于这个世界，也就是说你有了绝对的秩序，那么你和这个世界的关系就会发生一场彻底的改变。你仍在这个世界里，却并不属于它。

所以请觉知到这世界的混乱以及你自身的混乱。这样你和世界之间就没有了界分，有的只是混乱。当心灵无选择地去觉知这个混乱，而没有任何思想的运动，秩序就会不请自来。你所邀请的不是秩序；你的邀请来自混乱。秩序和混乱毫无关系，它们不是相对的。秩序不会经由对立面的冲突而获得。要么有秩序要么没有。任何假装的秩序都源自混乱。

哪里有秩序哪里就有谦卑。

英文版编者后记

这本新的克里希那穆提"给学校的信"的合集，包括了原来出版在第一卷（1981）和第二卷（1985）中的信件以及十七封早些年写成却并未出版的信件。第一卷中的信件，在这版中编号是 1 到 37，是从 1978年 9 月 1 日到 1980 年 3 月 1 日中间每两周一封。第二卷中的信件，编号为 38 到 55：有四封是 1981 年 11 月、12 月，1982 年 1 月、2 月每月一封；有十封是从 1982 年 10 月 1 日到 1983 年 2 月 15 日期间每两周一封；还有四封是在 1983 年 10 月和 11 月期间每两周一封。

新信件的编号为 56 到 72，分别为 1968 年 1 月到 5 月（编号 56 到64）和在 1973 年 3 月 1 日到 7 月 1 日（编号 65 到 72）期间每两周一次。这些新增的信件虽然成文较早，但放在了最后。

这些信最初由克里希那穆提口授给一个秘书，然后由她打字成稿并将油印件发给各个学校。

感谢 K·克里希那穆提先生宝贵而详细的编辑建议。

雷·麦科伊